국립중앙박물관에는 어떤 보물이 있을까?

글 이한상

서울대학교 국사학과에서 한국 고대사 연구(백제)로 문학 박사 학위를, 일본 후쿠오카 대학 인문 과학 연구과에서 고고학 연구(금속제 장신구)로 문학 박사 학위를 받았습니다. 1992년부터 2003년까지 국립공주박물관, 국립경주박물관, 국립중앙박물관에서 학예 연구사·학예 연구관으로 근무하면서 무령왕비의 빈전(가매장터)으로 추정되는 공주 정지산 유적(사적 474호)을 발굴했고, 신라 황금 문화 특별전을 기획했으며, 현 국립중앙박물관 어린이 박물관의 전시 기획 업무를 담당했습니다. 동양대학교 문화재발굴보존학과 교수를 거쳐 2007년부터 대전대학교 역사문화학과 교수로 근무하고 있습니다. 《황금의 나라 신라》, 《고분미술-공예1》, 《장신구 사여체제로 본 백제의 지방지배》, 《삼국시대 사람들은 어떻게 살았을까》(공저) 등 여러 책을 썼습니다.

그림 오정택

홍익대학교에서 섬유 미술과 공예 디자인을 공부했습니다. 늘 열정을 쏟은 그림으로 아이들을 만나기를 바라며, 동화 일러스트를 그리고 있습니다. 《아무도 펼쳐보지 않는 그림책》으로 제14회 국제 노마드 콩쿠르 은상을 받았고, 《너는 커서 뭐 할래?》, 《단물 고개》, 《화장실에 사는 두꺼비》, 《까만 얼굴의 루비》 등에 그림을 그렸습니다.

국립중앙박물관에는 어떤 보물이 있을까?

초판 1쇄 2010년 6월 28일
초판 12쇄 2024년 9월 23일

글 이한상 | 그림 오정택 | 추천 이건무(전 국립중앙박물관장)
편집 이세은 | 마케팅 강백산, 강지연 | 디자인 권석연
펴낸이 이재일 | 펴낸곳 토토북 04034 서울시 마포구 잔다리로7길 19, 명보빌딩 3층
전화 02-332-6255 | 팩스 02-6919-2854 | 홈페이지 www.totobook.com | 전자우편 totobooks@hanmail.net
출판등록 2002년 5월 30일 제2002-000172호
ISBN 978-89-6496-007-3 73900

ⓒ 이한상, 오정택 2010
· 이 책은 저작권법에 의해 보호를 받는 저작물이므로 무단 전재 및 무단 복제를 금합니다.
· 잘못된 책은 구입하신 곳에서 바꾸어 드립니다.

● 일러두기
국립중앙박물관 유물은 유물의 보존을 위해 교체 전시될 수 있음을 밝힙니다.

제품명: 국립중앙박물관에는 어떤 보물이 있을까? | 제조자명: 토토북 | 제조국명: 대한민국 | 전화: 02-332-6255
주소: 서울시 마포구 잔다리로7길 19, 명보빌딩 3층 | 제조일: 2024년 9월 23일 | 사용연령: 8세 이상
* KC 인증 유형: 공급자 적합성 확인
* KC마크는 이 제품이 공통안전기준에 적합하였음을 의미합니다.
⚠ 주의 책의 모서리에 다치지 않게 주의하세요.

초등학생이 꼭 알아야 할
우리나라 대표 유물 25

국립중앙박물관에는
어떤 보물이 있을까?

이한상 글 | 오정택 그림
이건무 문화재청장(전 국립중앙박물관장) 추천

www.totobook.com

국립중앙박물관으로 초대합니다

　오늘 국립중앙박물관을 관람하고 또 이 책을 접하고 계신 여러분, 반갑습니다. '박물관은 그 나라의 얼굴'이라는 말이 있습니다. 박물관에 전시된 문화재, 각종 시설물, 그리고 관람 예절을 보면 곧 그 나라의 문화 수준을 알 수 있다는 뜻입니다. 여러분께서도 잘 아시겠지만 우리나라의 경제 성장 속도는 매우 빨랐습니다. 그러나 우리의 문화 수준이 그 같은 속도에 비하여 한 걸음 뒤처졌던 것도 사실입니다.

　많은 분이 이러한 문제점을 인식하고 우리의 문화 수준을 높이려 고민하고 또 고민했습니다. 결론은 우리 민족의 정체성이 오롯이 녹아 있는 전통 문화를 찾아서 가꾸고 또 새롭게 평가하는 것이었습니다. 그 과정에서 국립 박물관을 새로이 짓기로 결정했습니다.

　우리의 힘을 한데 모아 차분히, 그리고 열정적으로 준비한 끝에 2005년 10월 28일, 현재의 국립중앙박물관을 개관했고, 저 역시 국립중앙박물관 관장으로서 그곳에 함께 있었습니다. 1945년 광복을 맞이하면서 조선총독부박물관을 인수해 문을 연 우리의 박물관이 60년의 세월을 기다린 뒤 마침내 제자리를 찾는 순간이었습니다. 벌써 몇 년이 훌쩍 지났습니다만, 그날의 감동은 지금도 여전히 제 가슴속에 긴 메아리의 여운처럼 남아 있습니다.

국립중앙박물관은 한국을 대표하는 박물관이자 우리 민족 문화의 정수를 모아 놓은 곳입니다. 그 때문에 선사실의 돌도끼와 빗살무늬 토기 조각에서부터 조선시대실의 〈대동여지도〉 목판본에 이르기까지 그 어느 것 하나 소중하지 않은 게 없습니다. 그것은 곧 우리의 자존심이자 우리 민족의 정체성을 지켜 줄 소중한 자산이기 때문입니다. 과거 없이 현재가 있을 수 없고, 현재가 없는 미래는 기약할 수 없는 것입니다.

　제가 고고학 연구를 시작한 지도 어느덧 반세기에 가까워지고 있습니다. 서울 암사동의 신석기 시대 집터에서 빗살무늬 토기를, 창원 다호리 고분 속에서 붓을 발굴해 내던 시절이 마치 어제의 일처럼 생생합니다. 그때의 경험을 회상해 보면 고고학 내지 박물관의 세계란 여러분도 많이 해 보았을 퍼즐 맞추기와도 비슷하다는 생각이 듭니다. 조각난 유물을 하나씩 차례로 맞추고 또 연구해 이 땅에 살던 옛사람들의 삶과 생각을 하나씩 복원해 나가고 있으니까요.

　앞으로 박물관을 보다 잘 살펴볼 수 있는 힌트를 하나 드릴까요? 바로 '사람'을 찾아보라는 것입니다. 오늘날 우리 곁에 남아 있는 문화재는 온갖 풍상을 겪었기에 원형을 잃은 것이 많습니다. 그 때문에 문화재가 지녔을 수많은 정보 가운데 우리는 일부만을 알 수 있을 뿐이지요. 오늘은 여러분이 큐레이터가 되어 보세요. 문화재와 대화를 나누며 그 문화재를 만들어 낸 옛사람들과 만나 보시고요. 이 책이 그러한 시간 여행에 자그마한 도움이 되기를 기대합니다.

이건무 전 국립중앙박물관장

우리 역사를 담은 큰 그릇, 국립중앙박물관

여러분, 박물관에 가 본 적 있지요? 어땠나요? 신비로운 느낌도 들었을 테고, '옛날에는 저렇게 살았구나' 하는 새로운 지식도 얻었을 거예요.

박물관을 한자로 풀어 보면 '넓을 박(博), 물건 물(物), 집 관(館)'이에요. 매우 다양한 물건을 모아 놓은 곳이란 뜻입니다. 박물관이라고 하면 아주 오래된 물건만 전시되어 있다고 생각하기 쉬운데, 꼭 그런 것은 아니에요. 동식물 표본실이나 과학관도 넓은 의미에서는 박물관에 속한답니다.

우리나라를 대표하는 박물관은 서울 용산에 있는 국립중앙박물관이에요. 전국 각지에서 모은 중요한 보물이 가득 전시되어 있기 때문에 아주 크답니다. 우리나라 역사를 다 보여 주기 위해 이 땅에 사람이 살기 시작한 아득한 옛날부터 조선 시대까지의 유물을 전시하고 있어요.

국립중앙박물관을 한마디로 표현하면 '우리 민족의 유구한 역사와 문화가 숨 쉬는 곳'이라고 할 수 있습니다. 이 땅에 사람이 살기 시작한 뒤로 사람들끼리 비슷한 문화를 공유하면서 서서히 한민족이라는 의식을 갖게 되었어요.

그러면서 점점 독창적이고 수준 높은 문화도 꽃피웠지요. 그 문화의 정수가 바로 국립중앙박물관에 보관, 전시되어 있는 거예요.

'그 나라의 문화 수준은 국립박물관에 가 보면 알 수 있다'는 말이 있어요. 아무리 경제적으로 눈부신 발전을 이룬다고 해도 문화 수준이 높아지지 않으면 모래 위에 집을 짓는 것과 다를 바 없지요. 우리는 한때 '옛것은 고리타분하다' 혹은 '과거는 청산되어야 한다'라는 이야기를 많이 했어요. 하지만 과거 없이는 현재가 없고, 현재가 없으면 미래를 기약할 수 없습니다. 과거를 잘 이해하고 그것을 기반으로 삼을 때 올바른 미래를 꿈꾸고 준비할 수 있지요. 국립중앙박물관이 존재하는 것도 바로 이런 이유 때문이에요.

국립중앙박물관을 흔히 '우리 문화의 큰 그릇'이라고 일컫습니다. 우리 조상들이 수천 년 동안 온갖 노력을 기울여 만들어 낸 문화를 가득 담은 곳이라는 뜻이지요. 그 큰 그릇 속에는 세계 최고 수준의 기록 문화뿐만 아니라, 청자와 백자 등 고급 도자기, 신라 금관에서 볼 수 있는 화려한 황금 장식 등이 가득 담겨 있어요. 그렇지만 이 그릇에는 아직 여유가 많답니다. 여러분이 훗날 더욱 새로운 문화를 만들어 이 그릇을 채우길 바랍니다.

우리나라에 박물관이 처음 생긴 것은 1909년 11월입니다. 이때 일제는 대한제국에 압박을 가하여 조선의 마지막 임금인 순종이 계시던 창경궁에 동물원, 식물원과 함께 박물관을 만들었습니다. 그것이 우리나라 최초의 근대 박물관인 제실박물관입니다. 그리고 1910년 조선을 강점한 일제는 식민 통치를 정당화하기 위해 1915년 경복궁에 조선총독부박물관을 설치했지요. 그 뒤 1945년 8월 15일, 우리 민족은 35년간의 일제 강점기에서 벗어나 광복을 맞이했어요. 우리 국립박물관도 조선총독부박물관을 인수해서 새롭게 태어났지요. 하지만 곧이어 한국 전쟁이 있어났습니다. 1950년 6월 25일의 일이지요. 박물관은 최대의 위기를 맞았답니다. 수도 서울로 내려온 북한군은 국립박물관의 유물을 북쪽으로 옮겨 가려고 했고, 박물관에 폭탄이 떨어져 많은 유물이 파손되기도 했어요. 이러한 상황에서 국립박물관의 주요 유물 2만여 점이 미군 화물 기차에 실려 임시 수도이던 부산으로 급히 옮겨졌지요. 휴전이 선언된 1953년에 유물들은 서울로 되돌아왔지만, 국립박물관은 한동안 경복궁에서 남산으로, 다시 경복궁으로 여기저기 옮겨 다니는 신세를 면치 못했답니다.

　박물관은 1986년 8월 일제 강점기에 일본이 우리나라를 지배하려고 설치한 조선 총독부 건물로 이사를 했어요. 덕분에 전시할 공간도 넓어지고, 박물관이 발전할 수 있는 기틀도 마련되었지요. 하지만 조선 총독부 건물은 1926년에 경복궁을 헐어 내고 만든, 식민 통치를 상징하는 건물이었기 때문에 1996년에 헐리게 되었어요. 왜곡된 우리 역사를 바로잡고자 해체한 것이지요. 그래서 국립박물관은 임시로 마련한 건물로 옮기게 되었답니다.

　이 무렵부터 용산에 새 박물관 부지를 마련하고, 국제 설계 경기 대회를 개최했어요. 이 대회에는 세계 각국의 저명한 건축가들이 참여했고, 이때 당선된 작품을 토대로 박물관을 지었지요. 그런데 박물관 터가 너무 습하다는 지적과 지진에 대비해야 한다는 지적이 있었어요. 이런 문제점을 대비하는 과정에서 공사가 조금 늦춰지기도 했답니다. 또 박물관 정원 부지에 있는 미군 헬기장을 옮기는 문제도 해결해야 했어요. 결국 우리 정부가 미군 사령부와 몇 년간 협의를 한 뒤에야 박물관은 문을 열 수 있었답니다.

　2005년 10월 28일, 9년여 동안 차분히 그리고 열정적으로 준비한 끝에 새 국립중앙박물관이 문을 열었습니다. 오랫동안 기다려 온 우리의 박물관이었기에 박물관은 문을 연 뒤 한동안 찾아오는 사람들로 무척 붐볐어요. 몇 시간씩 줄을 서서 기다려야만 관람할 수 있었지요. 아마도 국립중앙박물관이 생긴 이래 가장 붐빈 시절이었을 거예요. 지금 여러분이 볼 수 있는 용산의 새 박물관은 이런 오랜 시간과 노력 끝에 재탄생한 것이랍니다.

고고학자들은 종종 '유물은 말이 없다'라는 말을 합니다. 수백 년 혹은 수천 년 동안 외롭게 침묵하면서 수많은 비밀을 간직한 유물, 스스로 아무런 말을 할 수 없는 유물과 대화하면서 과거 역사의 이야기를 하나씩 풀어 가야 한다는 뜻이에요. 유물을 통해 옛 역사를 찾아내는 것은 고고학자만이 할 수 있는 일은 아니랍니다. 여러분의 반짝이는 아이디어와 순수한 마음이 과거로 통하는 열쇠를 찾아낼 거예요.

자, 그러면 우리나라 역사와 문화의 향기가 가득한 국립중앙박물관으로 놀러 가 볼까요?

이한상

| 차례 |

국립중앙박물관으로 초대합니다 4
우리 역사를 담은 큰 그릇, 국립중앙박물관 6

신석기·청동기

암사동 빗살무늬 토기 **불탄 집터를 찾아라!** 14
송국리 요령식 동검 **돌칼을 무너뜨려라, 청동 검의 승리!** 22
농경문 청동기 **휴, 하마터면 용광로 속에서 녹아 없어질 뻔했네……** 30

삼한·고구려·백제

다호리 1호분 붓 **우리는 언제부터 글씨를 썼을까?** 38
새 날개 모양 관 장식 **새 깃털 꽂고 먼 곳까지 날아가 볼까?** 46
호우총 청동 그릇 **고구려 그릇이 왜 신라 고분에서 나왔을까?** 52
무령왕비 관 장식 **단 하룻밤 만에 끝나 버린 무령왕릉 발굴** 60
금동대향로 **신선들이 사는 나라 구경해 볼까?** 68
죽막동 제사 유적 미니어처 **우리나라에 하나밖에 없는 바다 제사 유적** 76

가야·신라

청동제 솥과 바람개비 모양 장식　잃어버린 왕국의 수수께끼　86
옥전 고분의 금 귀걸이　거대한 무덤의 나라, 가야　92
경주 구정동의 철갑옷　신라의 힘은 철에서 나왔다!　100
황남 대총 금관　찬란한 황금의 나라, 신라　108
황남 대총 동로마 유리그릇　실크로드를 건너온 보물　116
말 탄 사람 모양의 토기　신라 왕자님, 말 타고 어디 가세요?　124
북한산 진흥왕 순수비　한강을 차지한 최후의 승자, 신라 진흥왕　132

삼국 후기·통일 신라

반가 사유상　부처님이 가만히 앉아 미소 지으시네　142
감은사지 동탑 사리갖춤　천년 신라의 숨결을 품은 금속 공예품　150
안압지 금동 가위　통일 신라 사람의 멋과 풍류　158

고려·조선

참외 모양 청자병　아름다운 비색이 천하제일이로구나!　168
경천사 10층 석탑　'역사의 길'에 우뚝 선 우리나라 최초의 대리석 탑　176
백자 끈 무늬 병　순백이 아름다워 묶어 두었나?　184
부석사 괘불　부처님이 법당 밖으로 나오셨다　192
단원 김홍도의 《풍속화첩》　천재 화가가 그린 조선은 어떤 모습일까?　200
〈대동여지도〉　목판에 새긴 우리 땅　210

대표 유물 출토 위치　218

신석기·청동기

이 땅에 사람이 살기 시작한 것은 구석기 시대부터지만 농사를 지으며 한곳에 정착한 것은 신석기 시대부터랍니다. 흙을 빚어 빗살무늬 토기도 만들고 예쁜 흙 인형도 만들었지요. 그러다 청동기 시대가 되면서 금속을 활용해 무기나 도구를 제작했습니다. 이러한 문화를 배경으로 우리나라 최초의 국가인 고조선이 등장했고, 곧이어 철기 문화를 받아들이면서 큰 나라로 성장했답니다.

암사동 빗살무늬 토기 | 송국리 요령식 동검 | 농경문 청동기

암사동 빗살무늬 토기

선사·고대관 신석기실, 높이 38.1센티미터

불탄 집터를 찾아라!

누군가의 말처럼 고고학자는 추리 소설 속 탐정과 비슷한지도 몰라요. 탐정은 남들은 거들떠도 안 보는 사소한 것에서도 사건의 실마리를 찾아내 범인을 잡아내곤 하지요. 고고학자도 마찬가지예요. 아주 오래전 집터나 무덤에서 유물을 발굴해 내 오랜 세월 동안 갇혀 있던 이야기를 풀어내니까요.

국립중앙박물관에는 탐정보다 더 탐정 같은 고고학자들이 찾아낸 우리나라 최고의 보물들이 있어요. 가장 먼저 만나 볼 보물은 우리나라 빗살무늬 토기 가운데 가장 아름다운, 암사동 선사 주거지에서 발굴한 빗살무늬 토기입니다.

# 가슴이 쿵쿵, 수천 년의 시간을 거슬러~

1925년, 한강에 큰 홍수가 났습니다. 이 홍수로 당시 큰 난리가 났지만, 그 덕분에 우리 역사에서 아주 중요한 유적이 발견됐지요. 홍수가 지나간 자리인 지금의 서울 강동구 암사동에서 한 무더기의 빗살무늬 토기가 발견된 것입니다. 하지만 일제 강점기이던 당시에는 이 토기의 중요성에 대해 아무도 관심을 기울이지 않았어요.

암사동 선사 주거지가 다시 알려지게 된 것은 1967년이었습니다. 몇 차례에 걸쳐 발굴 조사를 한 결과 집터가 여러 동 드러났어요. 집터는 둥글거나 귀퉁이가 둥근 네모 모양이었어요. 바닥에는 돌로 만든 화덕 자리도 있었고요.

집터는 대부분 불이 나서 버려진 것이었습니다. 나무와 갈대 등을 엮어 만든 집이라서 불에 약할 수밖에 없었겠지요. 한 집에서 불이 나 금세 옆집으로 옮겨붙어 온 마을이 화염에 휩싸인 듯합니다. 불구덩이 속에서 몸을 피하기도 바쁘던 사람들은 온갖 살림살이를 그대로 둔 채 떠날 수밖에 없었겠지요.

고고학자는 이렇게 불이 나서 버려진 집터를 좋아한답니다. 유물을 많이 찾아내기도 하고, 불에 탄 숯 덩어리를 분석하면 언제쯤 불이 났는지 알 수 있기도 하니까요.

고고학자들이 조사한 결과 이 암사동 선사 주거지는 지금으로부터 6500~5500년 전에 있

암사동 선사 주거지

서울 강동구 암사동에 있는 신석기 시대의 최대 주거지예요. 지금으로부터 6500~5500년 전에 신석기 시대 사람들이 어떻게 살았는지 보여 주는 여러 가지 유물을 고스란히 간직하고 있지요. 동남쪽 구릉은 청동기 시대의 민무늬 토기 유적과 인접해 있어서 두 시대의 문화가 만나는 모습을 보여 주기도 해요. 또 농경 문화의 시작을 알려 주는 유물이 발굴된 매우 귀중한 유적이랍니다.

암사동에서 발굴된 신석기 시대 집터

던 마을이라는 게 밝혀졌습니다. 바로 신석기 시대의 마을이었지요.

이곳에서 출토된 유물 가운데에는 농사지을 때 쓰는 도구, 사냥할 때 쓰는 돌화살촉, 물고기를 잡을 때 사용하는 그물추 등도 있었답니다.

드디어 이 한반도 땅에도 신석기 시대부터 사람들이 모여 살면서 농사를 지었다는 증거가 세상에 드러난 것이지요. 이 발굴 현장에 참여한 고고학자들은 가슴이 쿵쿵 뛰었을 거예요. 수천 년의 시간을 거슬러 올라가는 순간이었으니까요.

자, 이제 신석기 시대 농기구를 함께 살펴봅시다. 밭을 갈 때 쓰는 따비나 가래, 곡식을 수확할 때 쓰는 돌낫과 반달 돌칼, 열매 등을 잘게 부스러뜨릴 때 쓰는 갈돌과 갈판 등 생각보다 많은 종류가 있어요. 모두 강자갈을 깨트려 대강 모양을 만든 다음 숫돌에 갈아서 완성한 거예요. 이런 석기를 간석기 또는 마제 석기라고 부른답니다.

암사동에 살던 신석기 시대 사람들은 한강변에서 물고기도 잡고 사냥도 하고 농사도 지었을 거예요. 가을이 되면 곡식을 거두어들여서 빗살무늬 토기에 가득 담아 두고 행복한 미소를 지었겠지요. 그 당시에는 가난한 사람과 부유한 사람이 나뉘어 있지 않았답니다. 사람들 모두 함께 일하고 함께 소비하면서 살았지요.

신석기 시대
약 1만 년 전, 오랫동안 지구를 뒤덮고 있던 빙하가 녹아내리고 날씨가 갑자기 따뜻해졌어요. 이때부터 사람들은 한곳에 머물면서 함께 살았고, 농사도 시작하게 되었지요. 농사짓기는 인류 역사상 아주 커다란 사건이랍니다. 자연을 이용하고 개발할 수 있는 단계로까지 발전한 것이니까요.

 바닥이 뾰족한 그릇을 어떻게 세웠을까?

암사동 집터에서 발굴된 빗살무늬 토기는 발굴 당시 수십 개의 조각으로 부서져 있었어요. 이 조각들을 조심스럽게 모아 하나하나 흙을 깨끗이 털어 냈지요. 그리고 작은 조각에 꼼꼼히 접착제를 발라 조금씩 모양을 만들어 갔어요. 마침내 다 붙이고 보니 토기는 바닥이 뾰족하고 위로 갈수록 넓어지는 모양이었습니다.

이런 모양의 그릇은 세워 놓기가 무척 어려웠을 것 같은데 어떻게 사용했을까요? 힌트는

암사동 일대에는 모래가 많다는 것입니다. 집도 모래밭을 파고 만들었어요. 답이 금세 나오지요? 이 토기도 모래 구덩이를 파고 땅에 묻어서 사용했을 거라고 생각됩니다.

토기의 무늬를 살펴볼까요? 입술 주변은 오른쪽 위에서 왼쪽 아래로 비스듬히 내려 그은 짧은 선이 촘촘하게 한 바퀴 둘러져 있어요. 그 아래쪽에도 똑같은 무늬를 세 단 더 새겼지요. 이런 무늬를 '짧은 빗금무늬(단사선문)'라고 해요. 그 아래에는 ∧ 모양의 무늬를 여러 겹 차례로 새겼어요. 물고기 뼈처럼 생겼다고 해서 '생선뼈무늬(어골문)'라고 부른답니다.

얼핏 보면 이런 토기는 누구나 쉽게 만들 수 있을 것 같지요? 하지만 그렇지 않아요. 이 토기는 좋은 흙을 잘 골라 반죽해서 형태를 만든 다음, 무늬를 새기고 불에 구워서 완성한 거예요. 이렇게 두께도 일정하고 무늬도 정교한 작품을 만들려면 솜씨가 무척 좋아야 하지요.

토기의 아래쪽을 보면 구멍이 두 개 뚫려 있어요. 구멍은 왜 뚫어 놓은 것일까요? 두 가지 보기를 줄 테니 맞혀 보세요. 첫

짧은 빗금무늬

생선뼈무늬

무슨 구멍일까?

째, 토기 속의 액체를 밖으로 빼내는 용도로 뚫었다. 둘째, 토기가 부서져서 수리하려고 뚫었다. 정답은 두 번째! 토기를 수리하기 위한 구멍이랍니다. 당시에 이 토기는 장인이 만든 명품인데, 깨졌으니 얼마나 아까웠겠어요. 그래서 깨진 부분 가장자리에 구멍을 뚫고 끈으로 묶어 썼어요. 토기에 구멍을 뚫어 수리한 것은 중국의 신석기 시대 토기에서도 볼 수 있답니다.

암사동에서 출토된 빗살무늬 토기는 경주 금령총에서 출토된 기마 인물형 토기 다음으로 '우리나라에서 가장 아름다운 토기'로 뽑힌 유물이에요. 이 토기가 뽑힌 이유는 '무한히 발산되는 원시적인 생명력의 아름다움' 때문이라고 해요.

여러분도 박물관에 가면 신석기 시대의 장인이 만든 이 토기를 찬찬히 살펴보길 바랍니다. 둥그런 몸체와 곧게 뻗은 선 무늬가 어우러져 아름다움을 뽐내는 토기에 반할 거예요.

갈돌과 갈판 갈판 길이 45센티미터

넓적한 것이 갈판이고 둥근 막대기 같은 것은 갈돌이에요. 서울 강동구 암사동에서 출토됐는데, 곡식을 수확한 뒤 껍질을 벗기거나 가루로 만들 때 사용한 도구랍니다. 그러니까 농사를 짓기 시작한 뒤 사용한 것이지요. 도토리 같은 나무 열매의 껍질을 벗길 때도 사용한 것 같아요. 신석기 시대의 유적을 발굴해 보면 유독 도토리가 많이 발견된답니다. 아마 도토리 가루로 요리를 만들었나 봐요.

흙으로 빚은 여인상 높이 3.6센티미터

사진만 봐서는 무엇인지 알쏭달쏭하지요? 울산 신암리 패총에서 발굴된 여인상이에요. 몸체 일부만 남긴 했지만, 풍만한 가슴과 잘록한 허리를 보면 여인의 모습이라는 것을 알 수 있어요. 이 여인상은 우리나라 유적에서는 매우 찾기 힘든 신석기 시대의 조각품이에요. 농사를 지으며 살던 신석기 시대에는 농사지을 사람이 많이 필요했어요. 그래서 아이를 많이 낳는 것을 중요하게 생각했지요. 신석기 시대에 비너스상으로 불리는 여인 조각품이 많이 만들어진 것은 그 때문이랍니다.

조가비 탈 길이 10.7센티미터

부산 동삼동 패총에서 출토된 조가비 장식품입니다. 두 눈과 입이 뚫려 있어 마치 탈처럼 생겼지요? 크기가 작은 걸 보니 어른들이 썼을 것 같지는 않아요. 아이들이 만든 장난감이거나 상징적인 물품이었을 거예요.

송국리 요령식 동검

선사·고대관 청동기·고조선실, 길이 33.4센티미터

돌칼을 무너뜨려라, 청동 검의 승리!

유물은 단지 오래되었다고 해서 박물관에 전시되는 것은 아니에요. 물론 오랜 세월 온전한 형태를 유지하면서 견뎌 낸 것만으로도 가치가 있지요. 하지만 정말 중요한 가치는 따로 있어요. 바로 유물에 담긴 정보랍니다. 유물은 마치 타임캡슐과도 같아서 수많은 정보를 고스란히 품고 있답니다. 그 정보를 어떻게, 또 얼마나 알아내느냐는 우리의 몫이지요.

오늘은 여러분도 고고학자가 되어 보세요. 여러분의 기발한 상상력이 오래된 유물에 새로운 생명을 불어넣을 수도 있을 테니까요. 여기 송국리 유적에서 출토된 청동 단검이 한 자루 있어요. 우리나라에서 가장 오래된 이 청동기가 지닌 여러 가지 재미있는 사연을 찾아봅시다.

 청동기 시대를 되살린 송국리 유적

지금으로부터 40여 년 전인 1974년 4월 어느 날이었어요. 충청남도 부여군 초촌면 송국리에 살던 아저씨 한 분이 마을 뒷산에 올라갔다가 아주 큰 돌을 발견했어요. 이 아저씨는 문화재 발굴 현장에서 일한 경험이 있어서 그것이 아주 오래된 무덤이라는 것을 한눈에 알 수 있었답니다. 아저씨는 얼른 국립공주박물관에 전화를 했어요.

"관장님! 지금 빨리 저희 마을로 와 주세요. 아주 오래된 무덤을 발견했어요."

전화를 받은 김영배 국립공주박물관장 일행은 서둘러 송국리를 찾아갔어요. 아저씨가 알려 준 곳으로 가 보니 수풀에 가려져 있는 큰 돌이 보였습니다. 관장 일행은 설레는 마음을 가라앉히고 큰 돌 주변을 조금씩 파기 시작했어요. 그러자 얼마 지나지 않아 청동기 시대의 돌널무덤이 나타나지 뭐예요! 돌널무덤은 땅속에 만든 무덤이라 찾기가 쉽지 않답니다.

"이 속에 뭐가 들었을까?"

김 관장은 가슴이 두근거렸어요. 무덤 위를 덮은 흙을 모두 걷어 내고 큰 뚜껑돌을 들어 올리는 순간, 사람들 사이에서 '아앗!' 하는 탄성이 터져 나왔어요. 무덤 바닥 한쪽에 돌칼, 돌화살촉과 함께 푸른색을 띠는 유물이 있었거든요. 조심스레 주변 흙을 털어 내고 보니, 그것은 좀처럼 발굴하기 어려운 청동 단검이었답니다. 청동 단검은 발굴되는 수도 많지 않지만, 청동기

돌널무덤

돌널무덤은 고인돌과 함께 청동기 시대에 많이 만들어진 무덤입니다. 네모나게 땅을 판 뒤, 넓적한 돌을 각 면에 덧대어 만들었지요. 송국리에서 발굴된 돌널무덤은 넓적한 돌 여러 장으로 벽을 만들고, 길이가 2미터나 되는 큰 돌 한 장으로 뚜껑을 덮었어요.

시대에도 아주 귀한 물건이었어요. 부족의 우두머리만 가질 수 있었으니까요. 아주 귀중한 국보급 유물이 어느 봄날 우연히 발견된 것이지요.

그로부터 20여 년이 지난 1993년의 여름이었어요. 제가 국립공주박물관에 근무할 때의 일이지요. 청동 단검이 나온 무덤 주변에 혹시 무덤이 더 있지 않을까 하는 생각에 주변을 조사해 보았습니다. 예상대로 다섯 기의 무덤이 더 있었어요. 그러나 안타깝게도 유물은 대부분 도굴됐고, 토기 조각 몇 점만 남아 있을 뿐이었지요.

청동기

청동기란 글자 그대로 '푸른색 구리로 만든 도구'라는 뜻입니다. 이 청동기를 사용한 시대를 청동기 시대라고 부르지요. 청동은 구리에다 주석이라는 금속을 섞은 합금인데, 처음 만들 때는 반짝반짝 빛이 나는 매우 단단한 금속이에요. 그런데 습기가 많은 곳에 두거나 오랫동안 내버려 두면 푸른색 녹이 슬기 때문에 청동이라고 부른답니다.

청동기는 우리 인류가 처음 만든 금속 도구입니다. 아주 오랜 세월 석기를 사용해 온 옛날 사람들은 청동기를 신비한 능력을 지닌 도구로 여겼어요. 청동의 재료인 구리나 주석이 많이 생산되지 않아서 청동기를 많이 만들 수 없었기 때문에 지위가 높은 사람만 쓸 수 있었으니까요.

그때 청동 단검이 나온 무덤을 한 번 더 조사해 보면 어떻겠느냐는 의견이 나왔어요. 우리 일행은 청동 단검이 나온 무덤으로 향했지요. 무덤을 덮은 흙을 깨끗이 걷어 내다가 뜻밖에도 놀라운 사실을 알게 되었어요. 돌널무덤의 뚜껑돌 위에 수많은 구멍이 뚫려 있는 게 아니겠어요? 고고학자들은 이런 구멍을 '성혈'이라고 부른답니다. 성혈은 선사 시대 사람들이 하늘이나 자연에 제사를 지낼 때 구멍을 뚫으며 빌던 흔적이지요.

송국리 유적은 기원전 7세기부터 기원전 6세기 무렵에 만들어진 것으로, 청동기 시대 사람들이 어떻게 살았는지를 보여 주는 중요한 자료랍니다. 이 유적으로 인해 청동기 역사를 다시 쓰게 되었다고 할 정도이지요. 청동 단검이 발견된 무덤 속에서 나온 유물은 모두 국립중앙박물관 고고실의 중요한 전시물이 되었답니다.

손잡이를 끼워서 사용한 청동 단검

우리나라에서는 약 3000년 전부터(기원전 10세기 무렵) 청동기 시대가 시작되었고, 600년 정도 계속됐어요. 이렇게 귀한 청동기 시대의 청동 단검이 송국리에서 출토되었으니 대단한 일이었지요.

출토된 청동 단검은 길이가 33.4센티미터에 불과한 짧은 칼이에요. 그 모양을 한번 살펴봅시다. 무엇을 닮았나요? 학자들은 이 청동 단검이 중국 악기인 비파와 비슷하게 생겼다고 생각했어요. 그래서 이 청동 단검에 '비파형 동검'이라는 이름을 붙였답니다. 최근에는 이 이름 대신 '요령식 동검'이라고 부르고 있어요. 그 이유는 이렇게 생긴 청동 검이 주로 중국의 요령 성(랴오닝 성)에 분포되어 있기 때문이지요.

이 청동 단검에는 특징이 하나 있답니다. 칼의 맨 아래쪽을 살펴보면 손잡이가 있어요. 너무 가늘어서 손으로 잡기 어려울 것 같지요? 그래서 여기에 청동이나 나무 손잡이를 끼워 사용했답니다. 손잡이를 잘 고정하려고 한쪽에 홈을 만들었어요. 이런 홈은 우리나라 중남부 지방에서 출토된 동검에서만 볼 수 있답니다. 다른 지역 동검에는 홈이 없어요.

박물관마다 비슷해 보이는 유물이 많지만, 똑같은 것은 하나도 없답니다. 왜냐하면 요즘처럼 공장에서 대량으로 만든 것이 아니라, 한 점씩 한 점씩 손으로 만든 것이기 때문이지요. 그래서 고고학자들은 유물이 뒤섞여도 쉽게 구별해 낼 수 있어요.

이 청동 단검을 어떻게 사용했을지 잠시 상상해 볼까요?

사람이 많이 모여 있군요. 그런데 표정들이 심상치 않아요. 아랫마을 사람들과 윗마을 사람들이 전투를 벌이려나 봅니다. 윗마을 사람들 중에 번쩍번쩍 빛나는 단검을 휘두르면서 고래고래 고함을 지르는 사람이 있어요. 아마도 윗마을 족장인가 봐요. 가을바람에 낙엽이 우수수 떨어지듯이 아랫마을 사람들의 돌칼이 여지없이 부러지고, 여기저기 핏자국이 선명하네요.

고인돌

고인돌은 청동기 시대의 대표적인 무덤이에요. 대개 부족의 족장이나 영향력 있는 주술사가 묻혔지요. 우리나라 고인돌에는 두 종류가 있는데, 하나는 만주와 한반도 북부에 분포해 있는 북방식 고인돌이고, 다른 하나는 한반도 남부에 분포해 있는 남방식 고인돌이랍니다. 북방식 고인돌은 탁자식 고인돌이라고 부르는데, 덮개돌을 받치는 돌이 탁자 다리처럼 길쭉하고 무덤방이 지상에 있어요. 남방식 고인돌은 큰 덮개돌을 받치는 돌이 작거나 없으며 무덤방이 지하에 있답니다.

잔인한 장면이라고요? 각자의 마을을 지키기 위해서는 어쩔 수 없었어요. 신석기 시대까지만 해도 칼이나 창, 활은 짐승을 사냥하는 도구였습니다. 그런데 청동기 시대에 접어들면서 이런 무기들이 짐승보다는 사람을 해치는 도구로 바뀌었답니다. 농사를 본격적으로 짓기 시작하면서 한곳에 정착해 생활하게 되었고, 그러려면 땅을 지켜야 했거든요.

청동기 시대에도 대부분의 사람들은 돌을 갈아서 여러 가지 무기를 만들어 썼어요. 청동기를 가질 수 있는 사람은 족장 같은 힘센 사람이었지요. 돌보다 훨씬 강력한 청동 무기를 가지고 주변 마을을 공격해서 곡식이나 노동력을 빼앗는 것이지요. 그러면서 자연스럽게 계급과 계층이 생겨나게 되었어요. 높은 계급에 속하는 족장은 자신의 지위를 과시하려고 수백 톤이 넘는 무거운 돌로 무덤을 만들기도 했답니다. 그 무덤이 바로 고인돌이나 돌널무덤이지요.

부채꼴 청동 도끼 길이 6.8센티미터

도끼라고 하니 무시무시해 보이나요? 사실은 아기 손처럼 아주 작은 도끼예요. 날이 부채꼴 모양이라서 부채꼴 청동 도끼라고 불러요. 요령식 동검과 함께 청동기 시대 초기를 대표하는 유물이지요. 부채꼴 청동 도끼는 강원도 속초시 조양동 유적에서 발견됐는데, 이런 모양의 도끼를 만들던 거푸집은 부여 송국리 유적에서 발견됐답니다.

불탄 쌀

논에서 벼농사를 짓기 시작한 것은 청동기 시대부터였어요. 그 증거가 부여 송국리 유적에서 발굴됐답니다. 불이 나서 버려진 집터에서 청동기 시대의 식량이던 쌀을 395그램이나 발견한 거예요. 불에 탄 이 쌀은 청동기 시대 사람들의 삶을 짐작하는 데 큰 도움이 되었지요.

농경문 청동기

선사·고대관 청동기·고조선실, 너비 12.8센티미터

휴, 하마터면 용광로 속에서
녹아 없어질 뻔했네……

집을 짓고, 직업이 생기고, 종교가 만들어지고, 전쟁을 하고……. 이 모든 일이 일어나게 된 하나의 사건이 있었어요. 그 사건은 무엇일까요? 바로 농사짓기랍니다. 농사를 짓기 전에는 사냥을 하거나 나무 열매를 따 먹으면서 살았지요. 그래서 구석기 시대 사람들은 먹을거리를 찾아 항상 여기저기 돌아다니면서 살아갈 수밖에 없었어요. 그러다가 신석기 시대에 농사를 짓기 시작하면서 새로운 사회가 열렸어요. 농사짓는 곳에 삶의 터전을 마련한 다음 함께 모여 살게 된 것이지요. 여기서 마을이 생겨났고, 인구도 크게 늘었답니다.

청동기 시대가 되면서 농경은 더욱 발달했어요. 이 시기에 벼농사도 시작되었지요. 부여에서는 농사가 잘되지 않으면 왕을 바꾸기도 했어요. 그만큼 농사는 중요한 일이었습니다.

 고물상점에서 발견한 국보급 유물

선사 시대에 이 땅에 살던 사람들도 지금의 우리처럼 땅을 일구고 농사를 지었어요. 그 모습을 잘 보여 주는 그림이 국립중앙박물관에 있답니다. 종이에 그린 그림이냐고요? 아니에요. 그때는 종이가 없었고, 설사 있었다 해도 모두 썩어 없어졌겠지요. 박물관에 있는 그림은 청동기에 새긴 것이에요. 이 청동기를 '농경문 청동기'라고 부른답니다. '농경'은 농사지을 농(農) 자와 밭갈이 경(耕) 자가 합쳐진 것으로, 농사짓는 일을 뜻하지요. 그러니까 '농경문 청동기'는 '농사짓는 그림이 새겨진 청동기'라는 뜻이에요.

이 청동기는 하마터면 세상에 모습을 알리지도 못한 채 용광로 속에서 녹아 없어질 뻔했습니다. 1960년대 후반의 일이지요. 대전에서 고철 장수로 일하던 한 아저씨가 있었어요. 고철 장수는 집에서 쓰던 헌 냄비나 못 쓰는 쇳덩이를 엿과 바꿔 주기도 하고, 골동품 등을 헐값에 사 가기도 하는 사람을 말해요. 이 고철 장수 아저씨가 모은 고철 중에 녹이 많이 슬어 있는 청동 조각 한 점이 섞여 있었어요. 고철 장수 아저씨 눈에는 다른 고철들과 별반 다를 게 없는 물건이었지요. 이 녹슨 고철 조각이 국보급 유물일 줄 어찌 알았겠어요! 그런데 마침 서울에서 온 골동품 상인이 이 청동 조각을 발견했습니다. 그동안 유물을 많이 보아 온 이 상인은 청동 조각에 새겨진 희미한 그림을 보고 그것이 평범한 쇳조각이 아님을 단박에 눈치챘답니다. 그래서 얼른 그 쇳조각을 사들였지요. 그러고는 비싼 값에 국립중앙박물관에 팔았다고 해요.

길이 7.3센티미터, 너비 12.8센티미터에 불과한 이 청동 조각이 처음 박물관에 들어왔을 때는 녹이 많이 슬어 무늬가 제대로 보이지 않았어요. 문화재 보존 처리 전문가들이 표면의 녹을 조금씩 벗겨 내자 앞면과 뒷면의 그림이 모두 드러났어요. 흥분되는 순간이었지요. 청동기 시대에 농사를 짓고 산 사람들의 모습이 그 안에 고스란히 담겨 있었으니까요. 당시 국립중앙박물관에 근무하던 한병삼 선생님께서는 이 그림을 보고, 청동기 시대상을 알려 주는 중요한 유물이 발견되었음을 세상에 알렸지요.

문화재 보존 처리 전문가

박물관이나 문화재 연구 기관에는 보존 과학자들이 있습니다. 그분들은 마치 병원의 의사 선생님들처럼 문화재가 손상되었거나 손상될 우려가 있을 경우 정확히 진단하고 처방하여 문화재가 원래의 모습을 유지할 수 있도록 도와주고 있지요. 또 어떤 경우에는 최첨단 장비를 활용하여 문화재 속에 담겨 있는 과학적인 정보를 찾아내기도 합니다.

한병삼 선생님

고고학자이자, 박물관 행정가였어요. 1975~1984년 국립경주박물관 관장으로 있으면서 신라 문화를 보존하고 연구하며 국제 사회에 알리는 데 한몫을 했지요. 1985~1993년에는 국립중앙박물관 관장으로 일했어요. 이처럼 한병삼 선생님은 35년 동안 박물관에서 일하면서 우리 문화유산을 보존하고 발굴하기 위해 힘쓴 분이랍니다.

우리나라에서 가장 오래된 풍경 그림

자! 그러면 유물을 한번 들여다볼까요? 맨 위쪽에 구멍이 여섯 개 나 있습니다. 구멍을 자세히 살펴보면 가장자리 쪽 구멍에 닳은 흔적이 있습니다. 원래는 네모난 구멍인데 걸어서 사용하다 보니 둥글게 된 것입니다. 이 흔적 때문에 원래는 어딘가에 매달아 사용한 것이 아닐까 생각하지요.

학자들은 한쪽 면에 매달린 둥근 고리에 주목하고 있습니다. 기와집 대문에 매달린 고리와 비슷하지요. 고리를 살짝 들었다 놓으면 맑고 아름다운 소리가 날 것 같아요. 지금은 너무나 귀중한 유물이라서 실험을 해 볼 수 없지만, 원래는 소리를 내는 용도로 쓰였을 거라고 생각됩니다. 청동기 시대의 제사장이 이 고리로 소리를 내어 하늘과 이야기를 주고받았을 거예요.

이제 그림을 살펴볼까요? 먼저 둥근 고리가 매달린 면을 보아 주세요. 나뭇가지가 있고 그 위에 새 몇 마리가 다소곳하게 앉아 무언가를 바라보는 것 같아요. 역사학자들은 이것을 솟대로 보고 있답니다. 솟대는 기다란 나뭇가지 끝에 나무로 조각한 새를 올려놓은 거예요. 요즘도 시골 마을 입구에서 간혹 볼 수 있지요. 사람들이 솟대를 만든 이유는 새가 좋은 소식을 가져다 주길 바랐기 때문이에요. 새는 인간은 가지지 못한 날 수 있는 능력을 가졌지요. 그래서 당시 사람들은 새가 인간의 소망을 하늘에 전하고 하늘의 뜻을 땅에 전하는 전령사 역할을 한다고 생각했을 것 같아요.

뒷면에는 사람 그림이 새겨져 있습니다. 오른쪽 위에는 머리에 긴 깃털을 꽂고 따비라는 농기구로 밭을 일구는 남자가 있어요. 네모난 공간에 줄을 죽죽 그어 표현한 밭은 요즘의 모습과 크게 다르지 않아요. 그 아래쪽에는 힘차게 괭이질하는 남자가 있는데, 아쉽게도 아랫부분이 깨져 있지요. 왼쪽 위에는 역시 머리에 깃털을 꽂은 여자가 항아리를 옆에 놓고 일을 하고 있어요. 윤곽선만으로 사람의 동작을 묘사했지만, 크게 벌린 입, 팔과 다리 등 신체 특징을 간단하면서도 힘차게 표현했어요.

농경문 청동기는 절반 정도가 부서졌지만, 앞뒤에 너무나도

생생한 그림이 새겨져 있어 국보급 유물로 평가받고 있습니다. 우리나라에서 가장 오래된 풍경화라고 할 수 있지요.

가끔 이 청동기를 보고 있노라면 '깨지지 않고 온전하게 보존됐다면 얼마나 좋았을까' 하는 생각이 듭니다. 또 '고물상 아저씨의 손을 거쳐 용광로 속으로 들어가 버렸다면 어쩔 뻔했나' 하는 생각도 합니다. 그랬다면 아직도 청동기 시대 사람들의 농경 생활을 제대로 파악하지 못했을 거란 생각에, 이마에 식은땀이 맺히곤 한답니다.

함께 보면 좋은 유물

한국식 동검 길이(왼쪽) 37.2센티미터

우리나라에서 출토되는 동검에는 두 종류가 있어요. 가장 오래된 것은 비파형동검인데, 송국리 유적에서 출토된 동검이 여기에 속해요. 한편 가장 많은 것은 세형동검이에요. 세형동검은 칼날이 홀쭉하고 날카롭게 생겼어요. 주로 남한 지역에서 출토되기 때문에 한국식 동검이라고 부르지요. 사진에 보이는 동검들이 바로 이 한국식 동검인 세형동검이에요. 뾰족뾰족하게 생긴 게 날카로워 보이지요?

거친 무늬 거울 지름 18센티미터

남성리 유적에서 한국식 동검과 함께 청동 거울이 출토됐어요. 이 거울은 청동을 거푸집에 부어 만든 것인데, 거울 뒷면에 무늬가 빼곡히 새겨져 있어요. 태양을 상징하는 둥근 원과 태양 빛을 표현한 삼각형의 무늬가 무척 정교하답니다. 자세히 들여다봐야만 무늬가 제대로 보일 정도예요.

삼한·고구려·백제

철기 문화가 옛 고조선 지역뿐만 아니라 한반도 남부 지역까지 확산되면서 곳곳에서 자그마한 국가가 만들어집니다. 북쪽에는 고구려·부여·옥저·동예가 있었고, 남쪽에는 마한·진한·변한 등 삼한이 있었지요. 고구려는 기마병을 이용한 전쟁에 능하여 동북아시아에서 강력한 국가로 자리매김했어요. 백제는 바다를 잘 이용했고 주변의 여러 나라와 활발하게 교류하면서 국제적인 문화를 꽃피웠습니다.

다호리 1호분 붓 | 새 날개 모양 관 장식 | 호우총 청동 그릇 | 무령왕비 관 장식
금동대향로 | 죽막동 제사 유적 미니어처

다호리 1호분 붓

선사·고대관 부여·삼한실, 길이 23.4센티미터

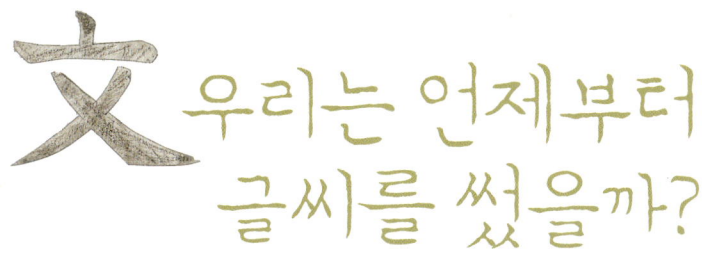
우리는 언제부터
글씨를 썼을까?

세종 대왕이 한글을 만들기 전까지 우리는 한자를 썼습니다. 그럼 한자는 언제부터 썼을까요? 아마도 최초의 국가인 고조선 때부터였을 거예요. 고조선은 한반도뿐만 아니라 만주 지역까지 영토를 가지고 있었고, 중국과도 경쟁할 만큼 강력한 나라였어요. 하지만 어디까지나 추측일 뿐이고, 그걸 증명해 줄 만한 유물은 없었어요. 경상남도 창원에서 다호리 1호분이 발굴되기 전까지는 말이지요. 기원전 1세기 무렵의 무덤인 창원 다호리 1호분에서 글씨를 쓰던 붓이 출토되면서 우리가 언제부터 문자 생활을 시작했는지 자세히 알 수 있게 되었답니다. 자, 그러면 다호리 고분 속에서 나온 붓이 어떤 가치를 지니는지 살펴볼까요?

文 유물이 도굴됐다!

다호리 유적

창원 다호리는 낙동강 하류 지역에 있어요. 낙동강을 건너면 밀양과 연결되고 마산항과도 가깝기 때문에 동서남북 교통의 요지랍니다. 이러한 점을 활용해서 지역의 세력가들이 부를 축적했던 것 같아요. 발굴된 유물들이 무척 화려하거든요. 다호리 유적은 철기 시대의 경제 활동과 생활 모습을 살펴보는 데 큰 도움을 준 유적이지요.

초기 철기 시대의 무덤 양식

초기 철기 시대에는 구덩이를 파고 시신을 직접 묻거나 목관에 시신을 넣고 그 위에 흙을 쌓아 올린 널무덤(목관묘), 널의 바깥쪽에 보다 넓은 덧널(木槨)을 만들어 유물을 부장한 덧널무덤, 시신을 큰 독이나 항아리 따위의 토기에 넣어 묻는 독무덤 등이 유행했어요. 다호리 1호분은 널무덤에 속한답니다.

다호리 유적에서 발굴된 나무 관

1988년에 우리나라는 한껏 들뜬 축제 분위기였어요. 서울에서 올림픽을 개최했거든요. 전국이 올림픽 준비에 바쁘던 1988년 봄, 국립중앙박물관에 긴급 신고가 접수됐습니다. 경상남도 창원에 있는 주남저수지 부근에서 국보급 유물이 여러 점 도굴됐다는 내용이었지요. 당시 이건무 고고부장(현 문화재청장)은 연구원 몇 명을 현장으로 급히 보냈습니다. 현장에 도착해 보니 이미 무덤이 있는 논바닥 곳곳이 파헤쳐져 있었어요. 도굴꾼이 버리고 간 유물 조각 몇 점만 확인될 뿐이었지요.

어이없고 황당한 상황이긴 하지만, 사태를 수습해야 했어요. 고고학자들은 파헤쳐진 무덤 가운데 유독 큰 무덤에 다호리 1호분이라는 이름을 붙이고 파 들어갔습니다. 1미터 넘게 파 들어갔을 때쯤 나무로 만든 관을 발견했어요. 관 속의 유물은 이미 도굴꾼이 남김없이 훔쳐간 뒤였지요. 하지만 2000년이 넘은 관치고는 너무나 말짱한 상태였기 때문에 그걸 보면서 마음을 다잡고 차분히 조사를 계속해 나갔습니다. 관은 지름 1미터가 넘는 참나무를 두 조각으로 쪼갠 다음 속을 파내서 만든 것이었어요. 길이는 240센티미터나 되었어요. 국립중앙박물관 고고관 삼한실에 가면 이 나무 관의 모습을 직접 볼 수 있습니다.

이 관을 위로 들어 올리자 무덤 바닥 가운데를 둥글게 파고 그 속에 각종 보물을 가득 담은 대나무 바구니가 보였어요. 오늘날 국립중앙박물관에 전시된 붓은 바로 이 바구니 속에서 출토된 것이랍니다. 도굴꾼이 관 바닥까지 파헤치지 않아서 다행히도 그 모습을 세상에 드러낼 수 있었지요.

대나무 바구니 안에는 붓 다섯 점과 칼집까지 잘 보존된 철검, 나무로 만든 부채 자루, 중국 전한 시대에 만들어진 청동 거울, 오수전이라는 동전, 두 개를 한 세트로 묶어 놓은 쇠도끼, 칼집 속에 들어 있는 손칼 등 많은 유물이 들어 있었어요. 그나마 다행이었습니다!

文 무덤 아래 꼭꼭 숨겨 놓은 보물

다호리 1호분에서 출토된 붓은 우리나라에서 가장 오래된 붓인데, 길이는 23센티미터 안팎입니다. 나무의 양 끝을 파내 붓털을 끼워 넣은 다음 끈으로 묶어 고정한 것이지요. 요즘 붓과는 달리 붓털이 양쪽에 끼워진 점이 특이하답니다. 관 아래에 따로 구덩이를 파서 보물과 함께 묻어 준 걸 보면 그 당시에 매우 중요한 물건이었던 것 같아요.

그럼 이 붓으로 무엇을 했을까요? 당연히 글씨를 썼겠지요. 하지만 한번 생각해 보세요. 지금은 종이를 어디서나 쉽게 구할 수 있지만, 2000년 전에도 종이가 흔했을까요? 종이는 중국 후한 때 채륜이라는 사람이 처음 만들었다고 하니, 다호리 1호분이 만들어지던 시대에는 종이가 없었지요. 소나무를 30센티미터

다호리 붓이 들어 있던 대나무 바구니

크기로 잘라서 만든 나무 판에 글을 썼습니다. 너비가 좁으니 여러 개를 함께 묶어서 사용했지요.

　최근 우리나라 곳곳에서 붓글씨가 쓰인 나뭇조각이 많이 발굴되고 있는데, 이런 나뭇조각을 목간이라고 합니다. 나무 목(木) 자에 대쪽 간(簡) 자를 붙여 만든 말이지요. 우리가 알고 있는 한자 책(冊)을 잘 살펴보면 목간을 여러 개 묶어 놓은 모양이란 것을 알 수 있어요.

붓과 함께 쇠로 만든 손칼도 출토됐습니다. 이 손칼은 길이가 30센티미터도 안 되는 작은 칼이에요. 나뭇조각에 글씨를 쓰고 지울 때 사용했지요. 연필로 쓴 글씨를 지울 때 지우개를 쓰는 것처럼, 손칼로 나무 표면을 깎아 내고 다시 글씨를 썼답니다.

2000년 전 다호리 1호분이 발견된 지역은 변한에 속합니다. 변한은 지금의 남부 지방에 있었는데, 철을 생산하는 곳으로 유명했어요. 중국이나 일본으로 수출하기도 했지요. 다호리 1호

분에서 나온 붓은 이러한 무역 거래 내용을 문서로 남기기 위해 나뭇조각에 글을 쓸 때 사용한 것으로 여겨집니다. 붓뿐만 아니라 다호리 1호분에서 출토된 유물들은 변한 지역에서 무역 거래가 활발했음을 알려 주지요.

참, 한 가지 중요한 얘기를 빼놓을 뻔했군요. 붓과 손칼 등이 2000년도 더 된 무덤에서 어떻게 온전한 모습으로 출토될 수 있었을까요? 무덤 속이 물이 차서 마치 연못 바닥처럼 질퍽한 상태였기 때문이에요. 우리나라의 토양은 전체적으로 산성이랍니다. 그래서 나무로 만든 것이 땅속에 묻히면 산화돼 버리지요. 그런데 질퍽한 개펄은 이런 산화를 막아서 유물을 보존해 주는 역할을 한답니다.

성운문경과 오수전 지름 12.8센티미터, 지름 2.5센티미터

붓과 함께 출토된 유물 중에는 중국 한나라에서 수입한 것도 몇 점 있었어요. 먼저 전한(서한이라고도 부름) 때 만든 청동 거울입니다. 거울의 뒷면에 올록볼록한 무늬가 보이나요? 마치 별(星 성)과 구름(雲 운)처럼 생겼다고 해서 성운문경이라고 부른답니다. 당시 중국 거울은 다른 여러 나라에서도 인기가 많았다고 해요.

또 중국 한나라 때의 동전, 오수전도 있습니다. '수'는 요즘의 그램처럼 무게 단위예요. 그러니까 오수전이란 5수의 무게가 나가는 동전이란 뜻이지요. 김해, 창원, 제주도의 유적에서도 발견된 적이 있어요. 동아시아에서 널리 쓰인 화폐였지요.

주조 도끼 길이 12.8센티미터

철로 물건을 살 수 있다면 어떨 것 같나요? 《삼국지 동이전》이라는 역사책을 보면, 한반도 남부 지방에 철이 나는데 시장에서 철을 화폐처럼 쓴다는 기록이 있어요. 다호리 1호분에서 쇠도끼 두 점씩을 노끈으로 묶은 것이 발견됐는데, 아마 화폐로 사용하느라 그랬나 봐요. 이 쇠도끼를 뜨거운 불에 녹이면 원하는 모양의 철기를 만들 수 있어요.

부채 자루 길이 33.6센티미터

다호리 1호분에서는 부채도 출토됐어요. 동물의 털로 만든 부채 몸체는 이미 썩어 없어졌고, 손잡이 부분인 자루만 남아 있었지요. 최근 경상북도 성주·경산, 경상남도 김해에서 발견된 1세기 무렵의 무덤 속에서도 이런 모양의 부채가 출토됐습니다. 특이한 점은 무덤 주인공의 얼굴이 부채로 가려져 있었다는 거예요.

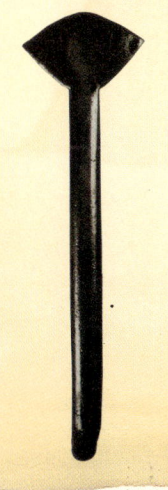

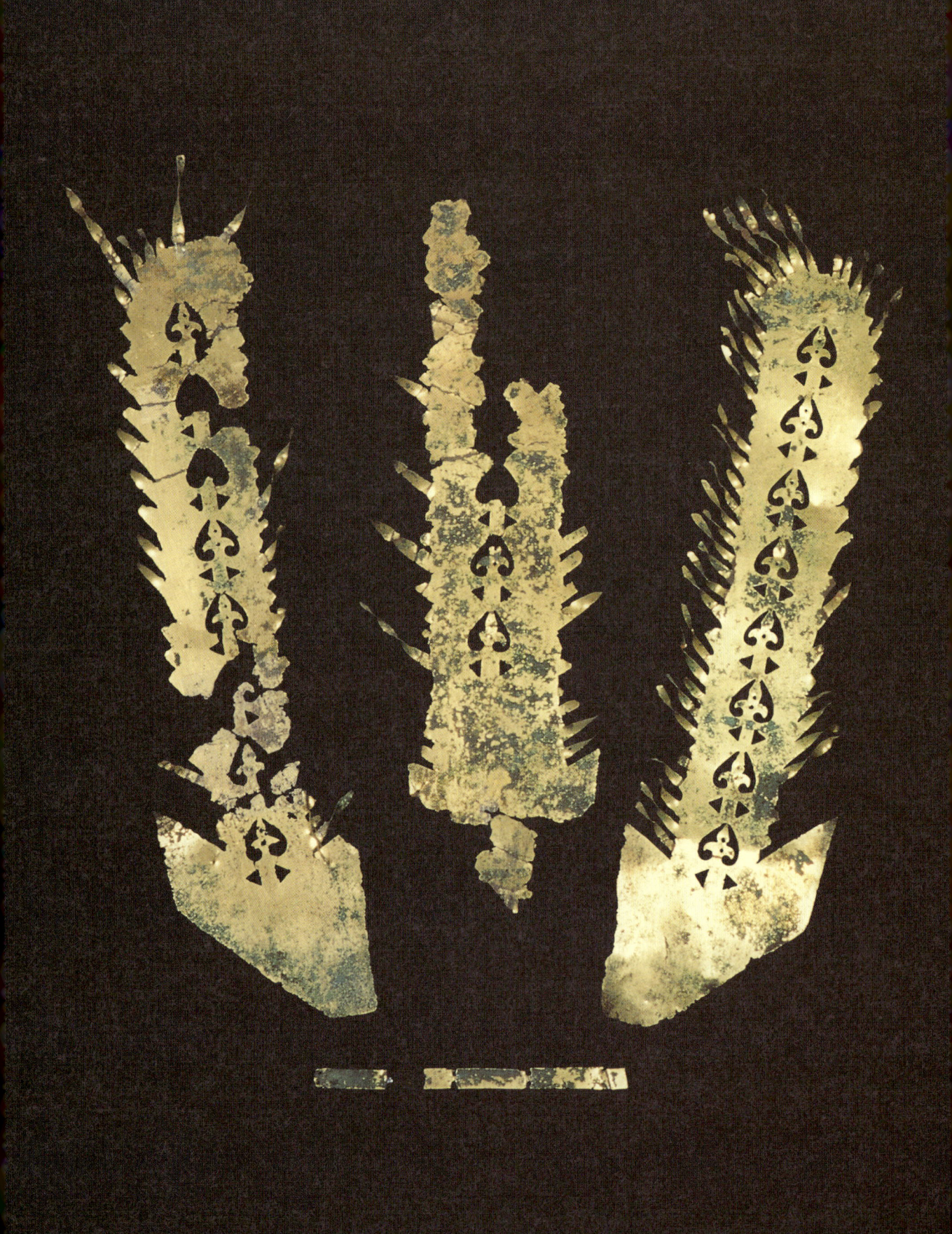

새 날개 모양 관 장식

선사·고대관 고구려실, 높이 36센티미터

새 깃털 꽂고
먼 곳까지 날아가 볼까?

부여의 왕자 주몽은 남쪽으로 내려와 새로운 나라를 만들었습니다. 그 나라가 700여 년 동안 동북아시아를 호령한 고구려지요. 고구려는 힘이 매우 센 나라였어요. 선이 굵고 거침없는 문화를 꽃피웠지요. 신라와 당나라 연합군에게 나라를 잃은 뒤에도 고구려의 문화는 발해로 이어졌어요. 발해가 멸망한 뒤에는 많은 발해 사람이 고려로 옮겨 와 새로운 문화를 일구는 데 큰 역할을 했습니다. 그런데 최근 중국 정부가 학자들을 동원해서 '동북공정'을 벌이고 있어요. 동북공정은 중국 국경 안에서 벌어진 모든 역사를 중국 역사로 만들기 위한 계획을 말합니다. 예를 들자면, 고구려 역사가 중국 역사라고 주장하는 것이지요. 이런 주장이 터무니없는 억지라는 것을 보여 주는 유물이 있습니다. 바로 중국 지린 성 지안 시(고구려의 두 번째 수도)에서 출토된 새 날개 모양 관 장식(금동 관)입니다.

삼국 고유의 풍습, 새 날개를 단 모자

중국 역사책에 기록된 '동이'

사마천의 《사기》, 반고의 《한서》, 진수의 《삼국지》 등 중국의 역사책에는 중국의 역사뿐만 아니라 이웃 나라의 역사까지도 기록되어 있어요. 그 가운데 우리나라 역사는 〈조선전〉, 〈동이전〉 편에 기록되어 있지요. '동이'란 '동쪽의 오랑캐'라는 뜻으로, 중국인들이 우리를 낮추어 부르던 말입니다. 이렇게 우리 역사를 따로 떼어 놓아 기록한 것은 분명 다른 나라의 역사라는 것을 보여 주는 것이지요.

당나라 고분 벽화 속 조우관을 쓴 사신 모습

　조우관은 삼국 시대에 삼국에서 공통적으로 사용하던 새 날개를 꽂은 관모를 뜻한답니다. 조우관의 모양은 고구려 벽화나 통일 신라의 사신이 그려진 사마르칸트 아프랍시아 궁전 벽화나 당나라 이현 묘에 신라 사절을 그린 그림, 경주에서 발견된 신라 토기 등을 비롯해 광개토 대왕의 무덤 앞뜰과 지안 시 고분에서도 찾아볼 수 있습니다. 앞에서 살펴본 '농경문 청동기'에도 머리에 깃털 장식을 한 사람 모습이 그려져 있는 것을 보면, 이미 청동기 시대부터 조우관을 쓰는 전통이 있었음을 알 수 있지요.

　이 조우관은 신분이나 지위가 높은 사람이 썼을 것이라 추측됩니다. 초기에는 진짜 새 깃을 장식한 조우관을 즐겨 썼으나, 사회가 발전하면서 귀족들은 금속으로 새 깃 모양을 만들어 장식한 조우관을 썼지요.

　그런데 이 조우관은 고구려와 신라, 백제, 발해를 제외한 곳에서는 출토되지 않았어요. 즉 중국인들이 '동이'라고 한 지역에서만 출토된 특별한 관이지요. 이를 통해 우리는 고구려가 중국의 역사가 아니라는 사실을 증명할 수 있습니다.

　그런데 왜 삼국 시대 사람들은 새 깃털을 머리에 꽂아 장식했을까요? 먼 곳까지 날아갈 수 있는 새의 능력을 부러워한 것일까요? 새의 날개를 빌려 높은 하늘로 날아 올라가 신과 이야기하고 싶었던 것일까요?

고구려 역사는 당연히 우리 역사!

　새 날개 모양 관 장식은 고구려의 두 번째 수도이던 지안 시에서 발견된 거예요. 도굴된 것이라서 어느 무덤에서 출토됐는지는 알 수 없지만, 아마도 왕족의 무덤에 들어 있었던 것 같아요. 전시된 유물을 보면 길쭉하게 생긴 세 개의 세움 장식이 보여요. 가운데 있는 것은 관 정면에, 양쪽에 있는 것은 관 옆에 붙이던 것이지요.

　가운데 있는 세움 장식에는 이파리가 세 개 있는 인동초무늬가 한 줄로 있군요. 가장자리에 둘러진 솜털 모양 장식을 보아 주세요. 솜털 모양 장식은 한자로 깃 우(羽) 자, 털 모(毛) 자를 써서 '우모형 장식'이라고 부르는데, 새 날개의 털처럼 생겼다는 뜻이에요. 얇은 금동판의 가장자리를 오린 다음 비틀어 꼬아 만든 것이랍니다. 이런 기법은 황남 대총 남쪽 무덤에서 발굴

황남 대총 남쪽 무덤에서 발굴된 은관

신라와 백제의 황금 장식

신라의 황금 문화는 선비(중국 동북쪽에 번성했던 유목 민족), 고구려의 영향을 받았는데, 다른 어느 나라보다도 화려하고 뛰어났어요. 순도 99퍼센트 이상의 금을 사용하여 관, 귀걸이, 허리띠, 팔찌와 반지 등의 세공품을 만들어 사용했답니다. 물론 황금 장식은 왕이나 귀족만 사용하던 것이지요. 백제의 경우 신라보다는 황금 장식의 출토 사례가 적고 형태도 간소합니다. 그렇지만 무령왕릉에서 발굴된 장식품의 경우 세련미가 돋보여 백제 공예 문화의 수준 역시 뛰어났음을 알 수 있습니다.

된 신라의 관 장식에서도 보입니다. 고구려의 영향을 받은 것이지요.

양쪽에 있는 세움 장식의 아랫부분은 비스듬한 사선 모양이에요. 이 장식이 관에 붙어 있었을 때는 새의 날개처럼 더 벌어졌을 거예요. 아래에 놓인 장식은 관을 썼을 때 이마 위쪽에 붙인 것입니다. 위쪽에는 뾰족한 삼각형 장식 세 개가 튀어나와 있고, 그 속에는 ◇, T, 인동초무늬 등이 정교하게 표현되어 있어요. 지금은 많이 부서져 원래 모양을 알아보기 힘들지만, 이 새 날개 장식이 달린 관을 썼을 고구려 왕족의 모습을 상상해 보세요. 매우 화려하면서도 독특한 모습이었을 거예요.

고구려에서 만들어진 조우관은 신라로 전해져 '황금 문화'의 번성에 큰 역할을 했습니다. 고구려와 국경을 접하고 있던 백제에도 영향을 주었어요. 조우관이 신라나 백제, 가야로 전해지는 과정에서 삼국 시대 여러 나라는 비슷한 문화를 함께 만들어 가게 되었지요.

중국의 동북공정은 고구려사를 중국사에 포함시키려는 것으로, 역사를 그릇되게 해석하는 일입니다. 그런데 이 일로 인해 고구려 역사와 문화에 대한 우리의 관심이 오히려 높아졌어요.

우리나라 역사를 빼앗으려는 시도는 중국만 하는 것이 아니랍니다. 독도 문제에서 볼 수 있듯이 일본 역시 기회를 노리고 있습니다. 오래도록 전해져 온 우리 역사와 문화를 잘 이어 나가기 위해서는 항상 우리의 것을 아끼고 지키려는 마음을 가져야 합니다. 잠깐, 한두 번 가지는 관심만으로는 부족하지요.

진파리 7호분 금동판 복제품, 크기 22센티미터

진파리 7호분은 평양에 있는 고구려의 왕릉급 무덤이에요. 이 무덤에서 출토된 금동판에는 태양을 상징하는 '세 발 가진 까마귀(삼족오)'가 새겨져 있는데, 고구려 금속 공예품의 정수로 알려져 있어요. 한때 이 금동판을 고구려의 왕관으로 보기도 했지만, 요즘에는 나무로 만든 베개의 양쪽 마구리 장식으로 보는 견해가 많답니다.

지안 시 출토 금동 신발 길이 34.8센티미터

삼국 시대 무덤에서는 가끔 아주 커다란 금속제 신발이 출토되기도 해요. 고구려 무덤에서도 적은 수이긴 하지만 특이한 모양의 금동 신발이 출토된 적이 있어요. 사진 속의 금동 신발은 지안 시에서 출토된 것으로 알려져 있답니다. 좀 우스꽝스럽게 생겼지요? 바닥면만 남아 있고 바닥에 금속제 못이 박혀 있어서 그래요. 바닥판의 가장자리에는 가죽이나 천으로 만든 신발에 붙이기 위해 작은 구멍을 촘촘히 뚫어 놓았어요. 크기가 너무 크고 약하게 만들어진 것을 보면 아마도 장례용품으로 쓰인 것 같아요.

능동 출토 굵은 고리 귀걸이 길이 6센티미터

이 귀걸이는 고구려의 절정기에 만들어진 금속 공예품입니다. 중간에 동그란 것은 속이 비어 있는 구슬인데, 표면에 금 알갱이를 촘촘하게 붙여 꽃무늬를 표현했어요. 이런 기법을 누금 세공 기법이라고 부르는데, 6세기 무렵에 유행한 기법이지요.

호우총 청동 그릇

선사·고대관 고구려실, 높이 19.4센티미터

고구려 그릇이
왜 신라 고분에서 나왔을까?

신라, 백제와는 달리 고구려에는 특이한 장례 풍습이 있었어요. 무덤 속에 물건을 거의 넣어 두지 않았다는 거예요. 돌아가신 분이 생전에 쓰던 물건을 무덤 속에 묻는 대신, 장례식에 참석한 사람들이 가져가도록 했다고 해요. 이런 풍습 때문에 무덤을 발굴해도 그 속에 유물이 별로 남아 있지 않아요. 그래서 고고학자들이 고구려 문화를 연구하기가 무척 어렵답니다.

그런데 엉뚱하게도 신라 고분 속에서 고구려 물건이 여러 점 발굴되어 이런 어려움을 조금 덜게 되었어요. 그 대표적인 예가 1946년 호우총이라는 무덤에서 발견된 청동 그릇입니다. 고구려의 청동 그릇이 어떻게 신라 고분 속에서 발견됐는지 그 비밀을 캐 볼까요?

우리 손으로 발굴한 최초의 무덤, 호우총

1945년 8월 15일, 우리나라는 광복을 맞이했습니다. 그리고 곧바로 국립박물관이 만들어졌지요. 일제 강점기에 만들어진 조선총독부박물관을 그대로 쓴 것이긴 했지만, 우리 손으로 우리의 문화재를 보관하고 전시한다는 기쁨은 무척이나 컸습니다.

당시 박물관장은 유럽에서 고고학을 전공한 김재원 박사였어요. 김 관장은 이제 우리 박물관을 갖게 되었으니 우리 손으로 신라 고분을 발굴해 보자고 결심했지요. 그래서 발굴하게 된 것이 경주시 노서동에 있는 한 고분이었습니다. 당시에는 이 무덤을 노서리 140호분이라 불렀지만, 발굴이 끝나고 나서 호우총이라는 새 이름을 얻게 되었지요.

1946년 5월 3일, 드디어 첫 삽을 떴습니다. 그리고 11일 만에 무덤 속 유물을 모두 들어냈답니다. 중요한 무덤을 발굴한 것치고는 너무나 빨리 끝낸 것 같지요? 아마 예산도 부족하고 당시에는 고고학적 지식도 깊지 않았기 때문인 것 같아요. 만약 지금 이 무덤을 발굴한다면 아무리 빨라도 서너 달은 족히 걸릴 테니까요.

발굴을 시작한 지 8일째 되던 날 무덤 바닥까지 파 내려갔습니다. 그리고 나서 시신의 머리 위쪽을 파기 시작했지요. 그러자 푸른색 녹이 슬어 있는 청동 그릇 한 점이 드러났어요. 모두들 그다지 큰 관심을 기울이지 않았지요. 그런데 사흘 후 '아!' 하는 탄성이 들렸고, 모든 사람의 눈길이 한순간에 그 청동 그릇에 쏠렸어요. 아무도 예상하지 못한 놀라운 사실이 드러났기 때문이에요.

청동 그릇 바닥에 네 자씩 네 줄에 걸쳐 모두 열여섯 개의 글자가 빼곡히 새겨져 있었던 거예요. 흥분을 억누른 채 한 글자씩 차례로 읽어 보니 '을묘년국강상광개토지호태왕호우십(乙卯年國岡上廣開土地好太王壺杅十)'이란 문장이었어요. 을묘년, 즉 415년에 광개토 대왕을 위해 만든 열 번째 그릇이란 뜻이에요. 여기서 '국강상광개토지호태왕'이란 고구려의 영웅 군주 광개토 대왕의 이름이었어요. 글자체는 만주 벌판에 우뚝 솟아 위용을 자랑하는 광개토 대왕릉비의 글자체와 똑같았지요. 광개토 대왕이 1500여 년을 뛰어넘어 신라 고분 속의 작은 그릇을 통해 되살아나 우리 곁에 다가온 것입니다.

조심조심, 고분 발굴
경주 신라 고분은 무덤의 주인공이 머리를 동쪽으로 향하고 있어요. 태양이 뜨는 쪽에 머리를 두던 오랜 풍습을 따른 것이겠지요. 또 머리맡에는 유물을 넣어 둔 상자를 놓았어요. 그래서 고분을 발굴할 때 머리 위쪽에 주의를 기울인답니다.

신라인의 무덤 속에서 되살아난 광개토 대왕

청동 그릇 바닥에 새겨진 을묘년은 광개토 대왕이 돌아가신 지 1년이 지난 때입니다. 돌아가신 왕을 위해 만든 그릇이 어떤 과정을 거쳐 멀리 경주로 왔고, 호우총이란 작은 무덤에 묻혔을까요? 그 이유를 알려면 당시 국제 정세를 살펴볼 필요가 있어요. 고구려와 신라의 친밀한 관계는 신라의 내물왕 때부터 시작됩니다. 그 뒤 진흥왕이 한강 유역을 공격할 때까지 두 나라는 형제의 나라로 지냈지요. 이때 고구려의 많은 문물이 신라 경주로 들어왔을 거예요.

그러던 중 400년, 가야와 왜, 백제 연합군이 한꺼번에 공격하는 바람에 신라는 위기를 맞았어요. 이때 고구려 광개토 대왕이 5만 고구려 대군을 보내 신라를 구하고, 가야와 왜를 멀리 김해와 함안까지 추격해서 무찔렀지요. 이 전쟁을 계기로 신라는 성장에 성장을 거듭했어요. 당시 신라 사람들에게 광개토 대왕은 매우 고마운 분이었을 거예요. 광개토 대왕이 돌아가신 뒤에도 추모하는 사람이 많았겠지요. 그래서 신라로 전해진 이 그릇은 귀한 대접을 받았을 거예요.

학자들은 이렇게 생긴 그릇을 청동합이라고 부릅니다. '청동으로 만든, 뚜껑을 갖춘 그릇'이라는 뜻이에요. 고구려 사람들은 이 그릇을 호우라고 불렀어요. 그릇에 새겨진 글자를 보면 알 수 있지요.

그릇의 표면을 자세히 보면 볼록한 띠가 여러 줄 장식되어

볼록한 띠가 여러 줄 장식된 호우

가는 홈을 판 대가야의 그릇

있어요. 삼국 시대 청동 그릇 가운데 이런 장식을 갖춘 것은 고구려와 신라의 그릇이에요. 백제와 대가야의 그릇은 가는 홈을 판 것이 특징이지요.

호우총이 처음 발굴됐을 때에는 이 무덤이 만들어진 연대를 호우가 만들어진 415년에서 그리 멀지 않은 시점으로 보았습니다. 무덤의 주인공도 고구려와 관련이 깊은 사람일 것으로 생각했지요. 그래서 복호라는 사람이 무덤의 주인공이라 생각했어요. 복호는 신라 17대 임금 내물왕의 아들이자, 19대 눌지왕의 동생이에요. 412년에 고구려에 볼모로 가 있다가 418년에 신라로 돌아왔지요. 광개토 대왕을 위해 만든 그릇을 가지고 오려면 왕족은 돼야 가능하다고 생각한 거예요.

이제 호우총이 발굴된 지 어언 60여 년의 세월이 흘렀어요. 그동안 고고학도 빠르게 발전했지요. 최근에는 호우가 제작된 것은 415년이지만, 무덤에 묻힌 것은 100년 이상 지난 뒤라고 보고 있습니다. 따라서 무덤의 주인공도 복호가 아니라 복호의 후손 가운데 한 사람이라는 의견이 많지요. 이 그릇에 대한 연구는 아직도 계속되고 있답니다. 그만큼 이 그릇에 담긴 의미가 크고, 아직 그 의문을 제대로 풀지 못한 것이지요.

함께 보면 좋은 유물

쌍영총 벽화 높이 44센티미터

고구려 고분 벽화는 고구려 사람들이 어떤 모습으로 어떻게 살았는지를 우리에게 잘 보여 주고 있습니다. 그런데 고구려의 고분 벽화는 대부분 현재의 중국이나 북한에 위치하고 있으며, 보존 문제 때문에 무덤의 입구가 굳게 닫혀 있답니다. 그 때문에 실물을 관찰하기란 매우 어려운 일입니다. 그렇지만 이곳 고구려실에는 고구려 고분 벽화의 실물이 전시되어 있습니다. 일제 강점기에 조선 총독부가 현 북한 남포직할시 용강군 소재의 쌍영총 고분 벽화의 일부를 떼어 온 것이지요. 새 깃털을 장식한 관을 쓰고 힘차게 말을 타고 달리는 고구려 관리가 그려져 있어요. 박물관의 보존 과학자들이 연구해 본 결과 이 벽화는 프레스코 기법, 즉 돌로 만든 고분의 벽에 회를 바른 다음 물기가 채 마르기 전에 그림을 그려 내는 기법이 사용되었다고 합니다.

광개토 대왕 무덤의 전돌 길이 35.2센티미터

지안 시에 있는 우산하 고분군 중에는 태왕릉으로 불리는 무덤이 있습니다. 무덤의 이름을 이렇게 붙인 것은 이 무덤에서 '원태왕릉안여산고여악(願太王陵安如山固如岳)', 즉 '원컨대 태왕릉이 산악처럼 안정되고 견고하기를'이라고 쓰인 전돌이 여러 점 출토됐기 때문이에요. 그중 일부가 국립중앙박물관에 소장되어 있어요. 최근에 이 무덤의 주변을 발굴했더니 391년에 호태왕, 즉 광개토 대왕의 명으로 만든 청동 방울이 출토됐답니다. 이 무덤의 주인공은 고구려의 광개토 대왕임이 분명해진 것이지요.

무령왕비 관 장식

선사·고대관 백제실, 국보 155호, 높이 22.8센티미터

단 하룻밤 만에
끝나 버린 무령왕릉 발굴

660년, 신라와 당나라 연합군의 말발굽이 백제의 수도 부여를 짓밟으면서 영원할 것만 같던 백제도 무너지고 말았습니다. 백제가 역사의 저편으로 아득히 사라지게 된 것이지요. 세월이 흐르고 또 흐르면서 세상 사람들도 백제를 잊었습니다. 그리고 1971년 여름, 장맛비가 억수같이 쏟아지던 날 어둠 속에서 백제가 되살아났어요. 백제를 크게 일으켰던 군주 무령왕의 무덤이 우연히 발견된 것이지요. 이 무덤은 많은 우여곡절을 겪으면서 세상에 그 모습을 드러냈어요. 아쉬움이 많이 남았던 왕릉의 발견 현장으로 떠나 봅시다.

1500년 동안 무령왕을 지킨 돌짐승

무령왕릉

도굴의 피해를 전혀 입지 않은 상태로 유물이 고스란히 발견되어 삼국 시대 고분 연구에 중요한 왕릉입니다. 중국 남조에서 유행하던 벽돌무덤의 형식을 따르고 있지요. 왕과 왕비를 합장했는데, 왕이 동쪽, 왕비가 서쪽에 놓였고 머리 방향은 입구 쪽인 남쪽을 향하고 있어요. 왕과 왕비 모두 옻칠 된 목관에 각기 안치되어 있었는데, 목관 표면은 꽃 모양의 금·은제 장식으로 꾸몄습니다. 돌짐승 한 마리가 입구 쪽을 향해 놓여 있으며, 그 앞에는 왕과 왕비의 매지권(買地券)이 나란히 놓여 있습니다. 장신구로는 왕의 것으로 금제 관 장식, 뒤꽂이, 은제 허리띠, 금동 신발 등이 있고, 왕비의 것으로는 역시 금제 관 장식과 귀걸이, 목걸이, 금·은제의 팔찌 외에도 여러 장식이 발견되었어요. 또한 단룡문환두대도(單龍紋環頭大刀)·쇠창·손칼 등의 무기류, 거울·숟가락·다리미 등의 청동 제품, 청자·백자 등의 자기류, 목제품 등 다양한 유물이 출토됐답니다.

무령왕릉 복원도

공주는 475년부터 538년까지 백제의 도읍이던 곳입니다. 공주 일대에는 대형 고분을 비롯한 백제의 유적이 꽤 많이 남아 있어요. 공주에서 왕의 무덤을 찾으려고 먼저 움직인 것은 일본 사람들이었습니다. 일제 강점기에 일본은 연구를 한다는 이유로 우리나라의 많은 유적을 훼손하고 유물을 약탈해 갔지요. 공주 송산리 6호분도 무사하지 못했습니다. 1933년 당시 고등학교 교사이던 일본인 가루베 지온은 송산리(지금의 충청남도 공주시 금성동) 6호분을 왕의 무덤이라고 생각하고 파헤쳤어요. 도굴을 한 것이지요. 이런 어수선한 무덤을 총독부박물관이 다시 발굴 조사를 한 뒤 무령왕릉이라고 단정 지었습니다. 그래서 해마다 제사도 지내고 시민들이 관람할 수 있도록 했지요.

무덤은 벽돌로 만들어졌고, 벽에는 사신도가 그려져 있었어요. 사신도는 네 방향을 지키는 수호신인 청룡, 백호, 주작, 현무를 그린 그림이에요. 사신도가 그려진 무덤은 광복 뒤에도 계속 시민들에게 공개됐어요. 그런데 해마다 여름이 되면 무덤 속에 습기가 많이 차서 벽화가 훼손될 위기에 처했지요. 그래서 무덤 뒤쪽에 배수로를 파기로 했답니다.

1971년 7월 5일, 공사를 시작한 지 얼마 되지 않아 어디선가 '쨍' 하는 소리가 들렸어요. 무덤 위쪽에 있는 벽돌에 삽이 걸린 것이었어요. 공사를 멈추고 다시 살펴보니 하나도 훼손되지 않은 완벽한 모습으로 진짜 무령왕릉이 그곳에 있었어요.

　당시 발굴 단장이던 국립중앙박물관의 김원용 관장은 떨리는 마음을 진정시키며 무덤 입구를 굳게 막고 있던 벽돌을 한 장 한 장 들어냈어요. 그런데 무덤 속에서 낯선 침입자들을 노려보는 한 마리 짐승이 눈에 들어와 깜짝 놀랐습니다. 다행히 그 짐승은 돌로 만든 것이었어요. 이 돌짐승이 무덤 입구를 1500년 동안 지키고 있었던 거예요.

　무덤 안은 흩어진 널(목관)조각과 벽 틈에서 뻗어 나온 나무뿌리가 바닥을 덮고 있어서 마치 유령의 집을 보는 듯했어요. 조심스레 무덤으로 들어간 김 관장은 돌짐승 앞에 놓인 돌(묘지석)에 새겨진 글자를 읽어 내려가면서 숨이 멎을 듯한 감동을 느꼈답니다.

　'영동대장군백제사마왕(寧東大將軍百濟斯麻王).'

　즉 '영동대장군인 백제의 사마왕'이라는 글자가 새겨진 것이었어요. '사마'는 백제 무령왕의 생전 이름이에요.

　무덤 밖으로 나온 김 관장은 흥분을 가라앉히고 그 내용을 발표했어요. 이 이야기는 신문과 방송 매체를 타고 전국으로 퍼졌고, 무덤 주위는 순식간에 구경꾼과 신문 기자가 모여들어 아수라장으로 변했답니다.

　왕릉의 발견은 온 국민을 흥분의 도가니로 몰아넣었어요. 그 때문에 차분히 조사하지 못하고 단 하룻밤 만에 왕릉 발굴을 끝내 버려야 했지요. 이 일은 지금까지도 큰 후회가 남는 최악의 발굴로 기록되었답니다.

　그렇지만 이 발굴을 계기로 백제의 역사와 문화에 대한 다양한 연구가 이어졌고요. 백제의 중요 유적은 모두 도굴되었으리라는 우리의 선입견과는 달리, 수많은 백제 유적이 여전히 고고학자들의 손길을 기다리고 있음을 알게 된 것이지요.

　출토 유물 가운데 지석에 대해 연구한 결과, 역사 기록에 오류가 있음을 알 수 있었답니다. 즉 고려시대에 김부식이 쓴《삼국사기》에 무령왕은 선왕인 동성왕의 둘째 아들이라고 기록되어 있는데, 지석의 내용을 살펴보면 무령왕의 나이가 오히려 조금 더 많은 것으로 밝혀진 것입니다. 어린 사람이 아버지가 될 수는 없겠지요.

활활 타오르는 불꽃 속에 한 송이 연꽃이 피어오르네!

무덤 속에 나뒹굴던 널조각을 들어내던 중 황금빛 찬란한 금 장식이 눈에 띄었어요. 무령왕과 왕비의 관 장식이었지요. 지금 박물관에 전시된 관 장식 가운데 왕비의 것은 진품이고, 왕의 것은 복제품입니다. 진짜 왕의 유물은 국립공주박물관에 전시되어 있답니다.

왕과 왕비의 관 장식은 지금 봐도 세련되어서 각종 디자인에 다양하게 응용되고 있어요. 여기 이 장식은 두 개가 한 쌍을 이룹니다. 원래는 왕비의 머리 부분을 장식했던 것인데, 비단으로 만든 장식은 모두 썩어 없어지고 금만 남았습니다. 왕비도 왕처럼 관을 썼는지, 아니면 머리카락 사이에 꽂아 장식한 것인지는 분명하게 알지 못해요. 급히 발굴 현장을 정리하느라 발굴할 당시 어디서 발견된 건지 꼼꼼하게 기록하지 않았기 때문이지요. 중국의 역사책인 《구당서》에 '(백제의 왕족은) 검은 비단으로 만든 관에 금꽃을 장식한다'는 기록이 있는데, 여기서 말하는 금꽃이 바로 왕비의 관 장식이라고 짐작할 따름입니다.

관 장식의 모양은 그 옛날 금꽃이라 불렸듯이 꽃봉오리와 비슷해요. 가장자리에 삐죽삐죽 솟아오른 모양은 활활 타오르는 불꽃을 나타내지요. 가운데를 보면 꽃병이 하나 보여요. 그곳에서 연꽃 한 송이가 피어오르고 있어요. 겹겹이 오므라져 있었을 꽃잎이 한 겹, 두 겹, 세 겹 차례로 열리면서 활짝 피어나는 순간을 묘사한 것입니다. 마치 새 생명이 탄생하는 듯 생명감이 넘쳐흐르지요.

위쪽으로는 조금 투박하고 무거워 보이는 인동초가 불꽃무늬와 연결돼 있어요. 꽃병 아래쪽에는 연꽃으로 만든 받침이 있고요. 그 주변에는 조금 넓어 안정감을 주는 인동초가 있습니다. 옆에 전시된 왕의 관 장식에 있는 꽃은 위로 날아오르는 느낌을 주어요. 반면 왕비의 관 장식에 표현된 연꽃은 차분하면서도 고요한 분위기를 물씬 풍기지요.

연꽃이나 불꽃무늬는 다른 나라 불교 미술품에서 많이 쓰인 소재였어요. 익숙한 소재지만 무령왕비 관 장식은 백제 특유의 자연스러움과 활달함이 넘쳐 나고 있지요. 이렇게 훌륭한 안목과 기술력이 있었기에 백제를 '꿈의 나라'라고 일컬은 것이 아닐까요?

함께 보면 좋은 유물

무령왕 금제 관 장식
국보 154호, 높이 30.7센티미터

무령왕의 오라관(검은색 비단으로 만든 관)에 부착했던 장식입니다. 관 장식에 표현된 문양은 마치 살아서 움직이듯 역동적이에요. 인동초 줄기와 불꽃무늬가 조화를 이루고 있으며, 그 속에서 자그마한 꽃 한 송이가 피어납니다. 표면에는 금제 달개를 가득 매달아 화려함을 더했고, 맨 아래 뿌리 쪽은 둥글게 말아 비단 모자에 고정할 수 있도록 했습니다.

금제 목걸이 국보 158호, 지름 16센티미터

무령왕비의 목 부위에서 금 목걸이 두 개가 출토됐어요. 그중에서 마디가 일곱 개인 것이 국립중앙박물관에 전시돼 있어요. 이 목걸이의 각 마디는 길이가 6센티미터 정도예요. 가운데가 가장 넓고 육면으로 각이 져 있으며 전체적으로 약간 휘었어요. 이런 기법은 간결하면서도 세련미 넘치는 백제인의 미적 감각을 잘 보여 주지요.

은제 관 장식 높이 20.2센티미터

부여 능산리 고분에서 출토된 관 장식입니다. 은으로 만들어 비단 모자에 꽂았던 것인데, 중국 역사책에 기록된 은꽃으로 추정됩니다. 얇은 은판에 송곳으로 그림을 그린 다음, 끌로 무늬를 뚫어 표현했지요.

삼한·고구려·백제

금동대향로

선사·고대관 백제실, 국보 287호, 높이 64센티미터

신선들이 사는 나라 구경해 볼까?

660년 7월, 백제의 사비도성에서 의자왕과 대신들이 긴급한 회의를 하고 있습니다. 신라의 명장 김유신이 5만 대군을 이끌고 백제의 도성을 향해 진격하고 있었거든요. 신라와 동맹을 맺은 당나라 군사들도 서해 앞바다에 나타났어요. 전쟁을 대비하지 못한 백제는 꼼짝없이 당할 수밖에 없는 상황이었지요. 용맹스러운 계백 장군이 결사대를 이끌고 신라의 대군을 막아 보려 했지만 역부족이었어요.

결국 의자왕과 수많은 백성은 당나라의 수도 낙양으로 끌려갔고, 일부 왕족은 오랜 동맹국인 일본으로 옮겨 갔습니다. 전국에서 백제를 다시 일으켜 보려고 노력했지만, 끝내 구하지 못한 채 꺾이고 말았지요. 결국 백제는 역사의 저편으로 사라져 버렸답니다.

진흙 구덩이 속에 묻혀 있던 백제의 보물

충청남도 부여 능산리에는 백제의 왕릉이 있어요. 백제의 왕릉인 능산리 고분군을 찾는 관광객이 해마다 늘어나자, 고분군 주변의 논을 주차장으로 만들 계획이 세워졌습니다. 하지만 왕릉 주변에 유적이 남아 있을지도 모르는데 함부로 공사를 할 수는 없었지요. 먼저 국립부여박물관에 발굴 조사를 의뢰했어요. 1993년에 발굴 조사를 한 결과, 이곳에 큰 절이 있었다는 것이 밝혀졌지요.

발굴 조사를 시작하고 몇 달이 흘러 겨울을 맞았습니다. 고고학자에게 겨울은 무척이나 힘든 계절이에요. 일을 할 수 있는 시간이 너무 짧기 때문이지요. 향로가 발굴된 날은 겨울이 한창이던 12월 12일이었어요. 그날도 여느 때처럼 발굴 작업을 하고 있었답니다. 오후 4시가 조금 지났을 즈음, 짧은 겨울 해가 지기 시작해서 작업을 중지하려는데 호미 끝에 무언가가 걸렸어요. 조심스럽게 파 보니 평생 본 적 없는 정교한 향로가 두 조각으로 분리된 채 드러났어요. 주변에는 이미 어둠이 깔리고 있었지요. 갑자기 고민스러워졌습니다. 조사를 마무리하려면 사진도 찍고 그림도 그리는 등 할 일이 많이 남아 있었기 때문이지요. 너무 어두워 다음 날 마무리할까도 생각했어요. 하지만 밤에 누군가 보물을 훔쳐갈지도 모른다는 생각에 그만둘 수가 없었어요.

향로를 밖으로 들어낸 것은 밤 9시가 다 된 시각이었어요. 그

능산리 고분군
부여 능산리 산의 남쪽 경사면에 자리 잡고 있는 백제 왕족의 무덤을 능산리 고분군이라고 합니다. 능산리 고분군은 사비 시기(538~660년)에 만들어진 것이며, 돌판을 조립하여 무덤방을 만들었는데, 이런 능산리형 돌방무덤은 단면이 사각형, 오각형, 육각형입니다. 능산리형 돌방무덤은 부여 일대뿐만 아니라 충청도·전라도 지역에서도 널리 발견돼요. 또한 고분을 만들 때 엄격하게 규제한 흔적이 엿보이지요.

렇게 발굴을 끝내고 유물을 보존 처리하는 과정에서 의문이 생겼어요. 이처럼 잘 만들어진 향로가 왜 궁궐이나 절에 잘 안치돼 있지 않고 진흙 구덩이 속에 있었을까요? 발굴된 지 16년이 넘었지만 아직도 그 수수께끼를 풀지 못했답니다.

어떤 사람들은 향로가 망가져서 수리하려다가 사정이 생겨 그대로 묻었다는 추측을 내놓기도 합니다. 또 어떤 사람들은 백제가 위기를 맞자 백제의 국보 가운데 하나이던 이 향로를 땅속 깊은 곳에 묻었다고 해석하기도 해요. 저는 이 가운데 두 번째가 좀 더 설득력이 있다고 생각합니다. 어찌 됐든 백제의 국보는 우리에게 모습을 드러낼 때까지 1300여 년이나 땅속 깊은 곳에 잠들어 있던 것이지요.

일흔네 개의 산봉우리, 열일곱 명의 신선, 마흔두 마리의 동물이 새겨진 금동대향로

향로의 높이는 64센티미터, 무게는 11.8킬로그램에 달합니다. 보통의 향로에 비해 큰 편이지요. 맨 꼭대기에는 두 날개를 활짝 펴고 가슴을 앞으로 쭉 내민 봉황이 있어요. 부리와 목 사이에는 여의주를 끼고 있고, 가슴에는 구멍 두 개가 뚫려 있습니다. 향로 몸체에서 향이 피어올라 봉황의 가슴으로 연기가 나가도록 한 것이지요. 연기가 나가는 구멍은 산봉우리가 조각된 뚜껑에도 열 군데 있답니다.

뚜껑에는 일흔네 개의 산봉우리가 솟아 있어요. 산봉우리와 골짜기에는 열일곱 명의 신선, 마흔두 마리의 동물이 조각되어 있지요. 맨 위쪽에서는 옷을 단정하게 갖춰 입은 앳된 얼굴의 악사 다섯 명이 완함, 배소, 북, 피리, 거문고 등의 악기를 연주하고 있습니다. 악사들 주위에는 기러기처럼 생긴 다섯 마리 새가 음악을 듣는지 머리를 세우고 있고요.

향로 뚜껑에 조각된 산은 박산이라고 불립니다. 신선들이 산다는 산이지요. 신선들의 표정이나 자세가 다양하군요. 사냥이나 낚시를 하기도 하고, 조용히 명상에 잠겨 있기도 해요. 원숭이, 호랑이, 사자, 코끼리 등 다양한 동물들도 있답니다. 물론 이런 동물 모두가 백제 땅에 살았던 것은 아니에요. 중국에서 가져온 그림이나 책을 보고 만들었을 거예요. 얼굴은 사람인데 몸은 사자인 특이한 동물도 보입니다. 이집트의 스핑크스와도 비슷한 상상의 동물이에요. 무령왕릉에서 출토된 술잔 받침에도 이런 동물이 새겨져 있었지요.

향로 몸체의 연꽃 조각은 솜씨가 정말 대단합니다. 이제 막 피어나는 연꽃을 조각해 놓은 것 같아요. 꽃잎에는 동물 스물일곱 마리와 신선 두 명이 조각되어 있고, 그 사이로 새가 날고 있어요. 원래 연꽃은 불교적인 꽃이에요. 순결함을 나타내고, 새로운 생명을 탄생시키는 어머니와 같은 존재이지요.

맨 아래에서는 용 한 마리가 목을 꼿꼿하게 세우고 향로를 떠받치고 있어요. 용의 눈, 코, 수염, 뿔, 이빨까지 모두 살아 있는 것처럼 생생하군요. 위로 든 왼발은 날카로운 네 개의 발톱을

백제 왕흥사

부여 낙화암에서 강을 건너면 백제 창왕 때 창건된 왕흥사 터가 있습니다. 2007년에 왕흥사 목탑지를 발굴했는데, 그곳에서 577년에 창왕이 세상을 뜬 셋째 아들을 위하여 부처님의 사리를 모시고 탑을 만들었다는 기록이 나왔어요. 사리를 모시면서 함께 공양한 유물 가운데에는 황금 장식이 많이 포함되어 있답니다. 그 가운데 무령왕릉 출토품과도 유사한 것이 많아 수도를 부여로 옮긴 이후에도 여전히 공예 기술이 발전했음을 알 수 있어요. 이러한 기술력을 토대로 백제인들이 금동대향로를 만들 수 있었던 것이지요.

부여 왕흥사 터에서 발굴된 유물

드러내고, 나머지 세 발은 바닥에 붙여 전체적으로 안정감을 주었어요. 발과 발 사이, 몸체와 발 사이의 공간에는 구름, 불꽃, 연꽃 등의 무늬를 채워 넣었어요. 날아오를 듯한 움직임이 느껴지지 않나요?

이런 모양의 박산향로는 중국 한나라 때 많이 만들어졌다고 합니다. 그래서 금동대향로도 중국에서 수입됐다고 하는 학자들도 있어요. 백제의 장인이 이렇게 완벽한 구도와 기술력이 드러난 작품을 만들기는 어려웠을 거라고 생각한 것이지요. 하지만 비슷한 시기의 중국 유적에서 이런 규모나 수준을 보여 주는 금동대향로는 출토된 적이 없어요. 반면에 2007년 부여 왕흥사지에서 발굴된 유물을 보면 백제의 금속 공예 수준이 매우 뛰어났음을 알 수 있습니다.

이 향로는 돌아가신 왕을 추모하기 위해 능 근처에 지은 절인 능사에서 제사를 지낼 때 사용하던 것으로 보여요. 그래서 왕을 상징하는 용과 봉황을 조각한 것이지요. 우리 조상들의 믿음과 소망이 담긴 이 향로는 많은 우여곡절을 겪고 나서 오늘 우리와 마주해 있는 것이기에 더욱 소중하답니다.

규암면 외리 산수문 전돌
보물 343호, 길이 29.5센티미터

부여에서 서쪽으로 백마강을 건너면 외리라는 동네가 있어요. 일제 강점기에 그곳에서 절터를 발굴했는데, 무늬가 새겨진 전돌이 잔뜩 출토됐어요. 전돌은 보도블록처럼 길바닥에 깔아 놓는 것을 말해요. 크기는 비슷하지만 무늬는 산수문, 봉황문, 용문, 귀면문, 연꽃문 등 다양했지요. 모두 예술성이 뛰어난 작품이지만, 그중에서도 가장 우수한 산수문 전돌을 살펴볼까요? 아래쪽으로는 물이 흐르고 그 위에는 여러 겹의 산이 있어요. 산 위로는 나무가 한 줄로 표현되어 있지요. 이 전돌 무늬는 백제의 산수화로 평가받고 있답니다.

규암면 외리 봉황문 전돌 보물 343호, 높이 29.3센티미터

외리 절터에서 함께 출토된 봉황문 전돌 역시 매우 뛰어난 작품으로 평가받고 있어요. 전돌은 바닥에 까는 것이라 올록볼록한 무늬를 잘 만들지 않아요. 연꽃무늬나 인동초무늬를 새겨 넣는 것이 보통이지요. 네모난 전돌 모서리 안쪽에 연꽃무늬를 4분의 1만 조각해서 네 개의 전돌을 모아야 완전한 모양이 되도록 만들었어요. 가운데 둥근 원 안에는 구슬무늬를 빼곡하게 채웠고요. 원 안에는 커다란 눈의 봉황이 크게 날갯짓을 하고 있어요. 둥근 원이 돌아가면 전돌 속의 봉황이 튀어나올 것 같지 않나요?

죽막동 제사 유적 미니어처

선사·고대관 백제실, 지름(거울 모양 석제품) 6.9센티미터

우리나라에 하나밖에 없는
바다 제사 유적

세 면이 바다로 둘러싸인 우리나라는 예로부터 많은 것을 바다에 의지하며 살았습니다. 바다는 우리에게 풍부한 먹을거리를 주었어요. 옛사람들은 바닷가에서 해산물을 채집해 먹기도 하고, 모아서 팔기도 했어요. 외국과 무역을 할 때는 중요한 교통로가 되기도 했지요.

지는 해가 아름답기로 유명한 변산반도에는 우리나라에 하나밖에 없는 바다 제사 유적이 있답니다. 전라북도 부안군 죽막동에서 출토된 유물을 통해 바닷길을 중요하게 여긴 옛사람들의 생각을 알아볼까요?

모두모두 바다의 신께 바쳐라

1991년 변산반도를 둘러보던 국립전주박물관 연구원들은 바다를 향해 힘차게 뻗은 바닷가 절벽 위에 올랐습니다. 이미 태양은 서해 너머로 모습을 숨기기 시작했고, 주변은 차츰 어두워지고 있었지요.

절벽 위에는 전라북도 유형 문화재 제58호로 지정된 '수성당'이라는 건물이 있었어요. 마을 사람들은 이곳에 바다의 신 '수성 할머니'를 모시고 제사를 지내면서 풍어(물고기를 많이 잡는 것)와 항해의 안전을 기원했습니다. 유적을 조사하다 보면 수성당처럼 민간 신앙과 관련된 건물을 만날 때가 있어요. 그때마다 조금 숙연해지기도 하고, 또 조금 무서운 느낌이 들기도 한답니다.

어둠이 깔린 터라 잔뜩 긴장한 채 건물 주변을 둘러보던 연구원들은 유병하 연구관(현 국립공주박물관장)의 외침에 깜짝 놀랐어요. 수성당 주변의 야트막한 언덕에서 백제 시대의 유물 조각을 발견한 거예요. 더욱 놀라운 사실은 유물 조각을 발견한 그 언덕 자체가 유물 무더기였다는 것이었어요. 그렇게 발견된 죽막동 제사 유적에 대한 조사를 다음 해부터 본격적으로 시작했지요.

죽막동 제사 유적은 삼한 시대에 처음 만들어졌고, 백제 때에는 국가적인 규모로 제사를 모시던 곳이었어요. 백제가 멸망한 뒤에도 제사는 통일 신라, 고려, 조선 시대를 이어 현재까지도 계속되고 있습니다. 2000여 년 동안 수많은 사람이 비슷한 생

수성 할머니

전설에 의하면 수성 할머니는 귀가 매우 컸대요. 그래서 굽나막신을 신고 서해를 걸어 다니면서 깊은 곳은 메우고 위험한 곳은 표시를 했답니다. 그렇게 어부들을 보호하고 풍랑을 다스려 고기가 잘 잡히게 해 주었대요. 또 수성 할머니는 딸을 여덟 명이나 낳아서 각 섬에 한 명씩 시집보내고, 막내딸만 데리고 살면서 서해의 깊이를 재어 어부들의 생명을 보호해 주었다고 해요.

각으로 죽막동에 모여 바다의 신에게 제사를 지낸 거예요.

고대의 제사 유적을 살펴보다 보면 공통점을 발견할 수 있어요. 제사에 사용한 그릇을 모두 깨뜨려 주변에 버린다는 것이지요. 죽막동 제사 유적도 다르지 않았어요. 출토된 유물 가운데에는 깨져서 조각난 상태로 발굴된 5~6세기 백제에서 만든 항아리가 많았고, 대가야에서 만든 토기도 있었어요.

매우 진귀한 물건이 가득 들어 있는 큰 항아리도 나왔지요. 항아리 속에는 쇠칼, 쇠창 등 무기와 함께 말안장, 말 띠 드리개, 말방울 등 말갖춤(말을 부릴 때 쓰는 연장이나 말에 딸린 꾸미개)이 들어 있었답니다. 이 밖에도 중국에서 들여온 도자기 조각이 여러 점 출토됐어요. 죽막동에서 지낸 제사는 나라에서 모시는 제사였거나 국가의 지원을 받는 상인들이 지냈을 거라 여겨집니다. 정성 들여 만든 제물의 모양새를 보면 알 수 있지요.

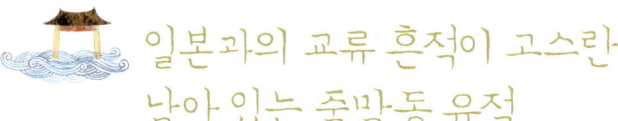
일본과의 교류 흔적이 고스란히 남아 있는 죽막동 유적

죽막동 유적에서 출토된 유물 가운데 가장 중요한 것은 한 무리의 자그마한 유물이에요. 신에게 바치고자 돌이나 흙으로 여러 가지 물건을 본떠서 만든 것이지요. 너무 작아서 어린이들이 소꿉놀이를 할 때 쓰는 것 같기도 해요. 이런 유물을 미니어처라고 부릅니다. 미니어처는 주로 제사 유적에서 출토되어요. 따라서 제사에 사용하려고 일부러 만들었음을 알 수 있지요.

유물을 찬찬히 살펴볼까요? 먼저 눈에 띄는 것이 곱은옥이네요. 학자들은 곱은옥이 태아처럼 생겼다 하여 생명을 상징하는 것으로 보고 있습니다. 신라 금관에도 수십 개의 곱은옥이 주렁주렁 매달려 있지요. 원판 모양 장식도 많이 보입니다. 가장자리를 다듬어 대체로 둥글게 만든 것인데요. 여러 개의 구멍이 뚫려 있습니다. 아마도 실로 엮어서 제사 장소에 매달았던 것 같아요. 그 밖에 청동 거울처럼 생긴 것도 있고요. 도끼나 손칼 모양의 장식품도 있어요. 원래 거울은 청동기 시대부터 제사장의 중요한 소유물이었습니다. 하늘의 메시지를 받아들여 지상

세계로 전해 줄 수 있는 도구로 여겨졌기 때문입니다. 죽막동의 미니어처는 자그마한 석제품이지만 그 속에는 삼국 시대 사람들의 자연에 대한 경외심이 고스란히 녹아 있다 하겠습니다.

그런데 이 모든 유물에는 공통점이 있어요. 구멍이 하나 이상 뚫려 있다는 것이지요. 제사를 지낼 때 실에 묶어 나무에 매달아 놓기 위해 구멍을 뚫은 것 같아요.

죽막동 외에 삼국 시대 유적에서는 미니어처 토기나 철기도 발견되곤 해요. 그렇지만 돌로 만든 미니어처는 매우 드문 편이지요. 그런데 일본 최대의 바다 제사 유적인 오키노시마 유적에서 죽막동 유물과 생김새와 만든 방법까지 똑같은 것이 여러 점 출토됐어요. 오키노시마 유적은 일본 규슈에서 한반도로 향하는 바다의 작은 섬에 있어요. 섬 한쪽에 크고 작은 바위가 있고, 그 바위 위와 틈 사이에 죽막동처럼 오랜 세월 제사를 지낸 흔적이 고스란히 남아 있지요. 죽막동에서 발견된 돌로 만든 미니어처는 일본에서 가져온 제물이라는 뜻이에요.

백제 땅이던 변산반도의 절벽 위에 어떻게 백제, 대가야, 왜에서 만든 물건이 함께 있던 것일까요? 항아리 속에 각 나라의 보물이 모두 담긴 것을 보면 세 나라 사람들이 함께 제사를 지낸 것이 분명해요. 풍랑이 거세기로 유명한 죽막동 앞바다의 높은 파도를 잠재우고 바닷길의 안녕을 빌기 위해 세 나라 사람들이 모여 정성스레 제물을 준비하는 모습이 그려지나요?

법천리의 양 모양 청자 높이 13.2센티미터

1973년 강원도 원주시 부론면 법천리에 사는 주민이 우연히 파내어 신고한 유물이에요. 국내에서 처음으로 발견된 양 모양의 중국 동진 청자였답니다. 높이는 13.2센티미터에 불과하지만 숙련된 손놀림으로 양의 모습을 잘 빚어냈어요. 다소곳이 꿇어앉은 양의 몸은 토실토실 살이 올라 있네요. 턱 밑의 수염과 큼지막한 눈, 귀를 휘감아 도는 뿔은 매우 사실적이면서 조금 우습기도 해요. 아마도 죽막동에서 제사를 지내던 사람들은 중국에서 만든 이런 도자기를 배에 싣고 항해했을 거예요.

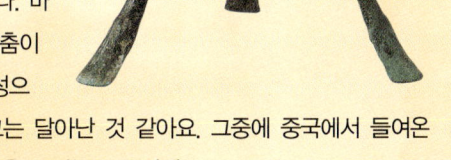

풍납토성의 청동 초두 지름 20.8센티미터

1925년 한강에 큰 홍수가 나면서 백제 500년 도읍지 풍납토성의 성벽이 무너져 버렸어요. 강물이 성안으로 들이닥치면서 백제의 유물이 무더기로 드러났지요. 그중 큰 항아리가 하나 있었는데, 그 속에는 진귀한 물건이 가득 들어 있었답니다. 마치 죽막동 제사 유적의 항아리 속에 금으로 장식한 말갖춤이 들어 있던 것처럼요. 아마도 475년 고구려군이 풍납토성으로 들이닥치자, 좋은 물건들을 항아리에 넣어 땅에 묻고는 달아난 것 같아요. 그중에 중국에서 들여온 청동 초두가 두 점 있습니다. 초두는 제사에 사용할 음식을 끓이는 그릇이에요.

부여 신리 그릇 받침 높이 76센티미터

고고학자들은 삼국 시대 유적을 발굴할 때 큰 그릇 받침이 출토되면 그곳이 제사 유적일 것이라고 추정하곤 합니다. 큰 그릇 받침은 제사 지낼 때 술잔이나 음식이 담긴 그릇을 올려놓는 용도로 쓰였는데, 나라마다 형태가 조금씩 다르지요. 신리에서 출토된 이 그릇 받침은 장구라는 악기를 닮았다고 하여 '장구 모양 그릇 받침'이라고 불리며, 백제가 공주와 부여에 도읍한 시기에 유행한 것입니다. 몸체 중간에 세 개의 둥근 구멍이 뚫려 있고, 위쪽에는 점토 띠를 붙여 2단에 걸쳐 고사리무늬를 표현했어요. 지금 박물관에 전시된 유물은 파손되어 없어진 맨 위의 술잔 받침을 복원한 것입니다.

가야·신라

신라와 가야에는 화려한 황금 문화가 있었어요. 신라의 왕릉 속에서는 금관, 금 귀걸이, 금 허리띠 등 수많은 황금 유물이 출토되었지요. 지금까지 발굴된 금관만 해도 다섯 점이나 된답니다. 가야는 여러 개의 자그마한 나라가 연맹을 이루고 있었어요. 그 가운데 고령의 대가야가 패권을 잡고 있었고요. 대가야 왕릉을 통해 산 사람을 함께 무덤에 넣어 주는 순장의 풍습이 확인되었답니다.

청동제 술과 바람개비 모양 장식 | 옥전 고분의 금 귀걸이 | 경주 구정동의 철갑옷 | 황남 대총 금관
황남 대총 동로마 유리그릇 | 말 탄 사람 모양의 토기 | 북한산 진흥왕 순수비

청동제 솥과 바람개비 모양 장식
선사·고대관 가야실, 바람개비 모양 장식_지름 12.2센티미터, 청동제 솥_높이 18.5센티미터

잃어버린 왕국의 수수께끼

우리 역사를 되돌아보면 삼국 시대만큼 활기찬 시대는 없던 것 같아요. 큰 영토를 가지고 동북아시아를 호령하던 고구려, 바닷길을 이용해 중국, 일본과 교류하던 백제, 그리고 비록 출발은 늦었지만 토대를 튼실하게 다져 최후의 승자가 된 신라. 이 세 나라를 삼국이라고 부르지요. 그런데 삼국 시대에는 이 세 나라 말고 또 다른 나라가 있었어요. 지금의 경상도 지역에 있던 철의 왕국 가야입니다.

흔히 가야를 '잃어버린 왕국'이라고 부릅니다. 그 이유는 가야에 관한 역사 기록이 너무 적기 때문이지요. 특히 고려 시대 때 김부식이 《삼국사기》라는 역사책을 만들면서 가야의 역사를 기록하지 않아 더욱 그렇답니다. 다행히 1980년대 이후 지금까지 가야의 왕릉이 속속 발굴되면서 잃어버린 가야 역사도 찾고 있지요.

어디 어디 숨었나, 가야의 왕릉은?

경상남도 김해는 금관가야의 500년 도읍지로, 곳곳에 가야의 유적이 남아 있어요. 일제 강점기부터 수많은 고고학자가 금관가야의 왕릉을 찾으려고 했지만, 쉽게 발견되지 않았지요. 그런데 1990년 경성대학교박물관 발굴 조사 팀이 김해시 대성동에 있는 낮은 언덕을 발굴하게 되었답니다.

조사를 시작한 지 일주일쯤 지났을까, 채소를 심던 밭의 흙을 걷어 내자 길이가 10여 미터나 되는 무덤이 드러났어요. 무덤 안에서 쇠판을 두드려 만든 갑옷과 말갖춤, 덩이쇠 등 수백 점의 철기와 함께 다양한 유물이 쏟아져 나왔지요. 가야의 역사를 밝혀 줄 금관가야의 왕릉이 세상에 그 모습을 처음으로 드러낸 것입니다. 김해의 왕릉은 경주나 부여의 왕릉과는 달리 땅 위의 봉분이 무너져 내려 그간 찾아내기 어려웠던 거예요.

조사한 왕릉 가운데 가장 오래된 것은 29호 무덤이었어요. 이 무덤은 이미 도굴 피해를 입은 상태였지만, 수십 점의 토기가 남아 있고 관 밑에는 백여 점에 가까운 쇠도끼도 깔려 있었답니다. 이런 쇠도끼는 철기를 만드는 재료로 쓰이기도 하고 시장에서 화폐로 쓰이기도 하는 중요한 물품이었지요.

무덤 한쪽에는 이국적인 느낌이 강한 유물 한 점이 놓여 있었어요. 바로 청동으로 만든 솥이었지요. 입술 위쪽에 두 개의 고리 모양 손잡이가 솟아 있고, 그 속에는 세 톨의 알밤이 들어 있었어요. 이런 모양의 솥은 주로 중국 황허 상류인 오르도스 지역에 많다고 해서 오르도스형 동복이라고 불러요. 원래는 유목민들이 우유를 끓일 때 쓰는 그릇이었지요. 이 청동 솥은 금관가야 사람들이 멀리 북방 초원 지역과 가깝게 지냈을 가능성을 보여 주는 귀중한 유물이랍니다.

일본의 나무 방패가 가야 왕릉에서 나왔다

금관가야의 왕족 무덤인 대성동 2호와 13호 무덤에서는 바람개비처럼 생긴 청동 장식이 출토되었어요. 이 청동 장식은 나무 방패를 꾸미는 장식품이었는데, 나무로 만든 방패는 썩어서 없어지고 장식만 남은 거예요. 이 유물이 발견된 당시 저도 몇 달간 발굴에 참여할 기회를 얻었답니다.

조사가 한창 진행되던 여름날, 꿀맛 같은 휴식도 뒤로한 채 깊은 무덤 속에서 열심히 작업을 하고 있었어요. 그때 어디선가 탄성이 들렸어요. 일본의 왕릉급 무덤에서 종종 출토되는 나무 방패 장식용 바람개비 모양의 청동제 유물이 발굴된 것입니다. 일본 고분 시대를 대표하는 유물이 금관가야의 왕릉에서 출토되다니!

어떻게 가야 왕릉에 왜(일본의 옛 이름)에서 만든 나무 방패가 묻히게 된 것일까요? 무덤의 주인공이 왜인일까요? 그렇다면 무덤의 구조가 일본 왕릉과 같거나, 함께 나온 유물 가운데 일본산 물품이 많이 있겠지요. 하지만 무덤의 구조나 유물들은 대

가락국의 시조 수로왕

수릉이라고도 하는데, 김해 김씨의 시조예요. 《삼국유사》에 의하면, 42년 금관가야 아홉 부족의 추장들이 김해 구지봉에 모였을 때 금합이 붉은 보자기에 싸여 하늘에서 내려왔어요. 그 안에서 둥근 황금알 여섯 개가 나왔는데, 반나절 만에 여섯 알 모두 사람으로 변했지요. 수로도 그중 한 사람이었답니다. 수로는 그달 보름에 왕위에 올랐고, 변한의 옛 땅에 가락국을 세웠지요.

고분시대

우리나라에 삼국 문화가 꽃피던 시절, 일본 열도에서는 왜가 성장하고 있었어요. 3세기 후반부터 거대한 무덤, 고분이 등장해 6세기 후반까지 지속됩니다. 학자들은 왜에 관한 역사 기록이 매우 적기 때문에 고분을 소재로 역사를 연구하고 있답니다. 고분 속에는 왜의 역사가 오롯이 남아 있다고 여기는 것이죠. 그래서 이 시대를 고분 시대라 부르고 있습니다.

가야와 왜의 관계는?

가야와 왜의 관계는 3세기경부터 활발해집니다. 중국의 역사책 《삼국지》를 보면, 김해에는 구야국(가야의 다른 이름)이 있고, 이 나라가 있는 변진 지역에는 철이 많이 났다고 되어 있어요. 철을 구하려고 중국뿐만 아니라 왜인들까지 자주 이곳을 찾았다고 해요. 가야와 왜의 관계는 철을 사고파는 관계부터 시작해서 동맹을 맺는 관계로까지 발전한 것 같습니다.

부분 가야의 특색이 뚜렷한 것이었어요. 왜인이 무덤 주인인 가야인을 위한 조의품으로 가져왔을 가능성이 큰 것이지요.

대성동 2호와 13호 무덤이 만들어진 것은 400년 직전입니다. 가야가 신라와 고구려 연합군의 공격을 받아 세력이 크게 위축되기 전이지요.

무덤 속에서 출토된 나무 방패를 보면 당시 가야와 왜가 친밀한 관계였음을 알 수 있어요. 생활용품이나 장신구가 묻혀 있었다면 두 나라가 국제 무역을 했다는 정도로 이해할 수 있겠지만, 나무 방패는 장례용품입니다. 아무 거리낌 없이 외국의 장례 문화까지 받아들일 정도라면 아주 가까운 관계였을 거예요. 비슷한 예로 백제 무령왕릉에서 일본산 소나무로 만든 나무 관이 출토되기도 했지요.

금관가야 왕릉에서 출토된 청동 솥과 바람개비 모양 청동 장식은 가야 사람이 만든 것은 아니에요. 하지만 멀리 북방 초원 지대를 누비던 유목 민족, 그리고 바다 건너 일본과 활발히 교류하면서 발전해 나간 가야의 모습을 잘 보여 주는 유물이라는 점에서 그 가치를 높이 평가할 수 있습니다.

함께 보면 좋은 유물

원통 모양의 청동기 길이 14.3센티미터

대성동 고분에서 출토된 이 청동기는 긴 자루를 가진 무기의 손잡이 끝에 붙이는 장식품이에요. 바람개비 모양 장식과 마찬가지로 주로 일본 고분에서 출토되지요. 우리나라의 경우 함안, 김해, 부산 등 남부 지역에 있는 5세기 무렵 무덤에서 출토된 적이 있어요. 대나무처럼 마디 장식이 있고 세로로 길쭉하게 구멍이 뚫려 있습니다. 그 속에는 돌이나 금속 덩어리가 들어 있는데, 아마 방울처럼 소리를 내는 도구였던 것 같아요.

청동 거울

대성동 23호 무덤에서 발견된 이 거울은 중국 한나라 때의 거울입니다. 청동으로 만든 둥근 거울 뒷면에는 여러 가지 무늬가 있어요. 한가운데에는 끈을 묶을 수 있는 고리가 있고요. 그 주변에는 네모난 무늬가 있고, 무늬를 따라가면 젖꼭지 모양의 장식 여덟 개가 튀어나와 있어요. 이런 거울은 실제로 얼굴을 비춰 보는 도구라기보다는 권력을 가진 사람들이 자신의 지위가 높음을 강조하기 위해 소유하던 거랍니다.

상어 이빨로 만든 화살촉

대성동 2호 무덤에서 발굴한 화살촉은 쇠로 만든 것도 있고, 동물 뼈를 갈아서 만든 것도 있어요. 특이하게 상어 이빨로 만든 것도 있고요. 상어 이빨로 만든 화살촉은 실제로 사용한 것은 아니고 특별히 무덤에 넣어 주기 위해 만든 것 같아요. 상어 이빨은 삼각형 모양으로 매우 날카롭고, 가장자리에는 뾰족한 돌기가 촘촘하게 나 있어요. 이빨 아래쪽에 둥근 구멍을 뚫은 것도 있답니다.

가야·신라

옥전 고분의 금 귀걸이

선사·고대관 가야실, 길이 8센티미터

거대한 무덤의 나라, 가야

가야는 여러 나라가 모여 연맹을 이룬 커다란 세력이었어요. 고구려, 신라, 백제처럼 통일된 중앙 집권 국가가 되지는 못했지만, 각 나라들은 철기 생산을 바탕으로 수준 높은 문화를 일구었지요. 금관가야, 대가야, 아라가야, 소가야 등은 가야를 대표하는 나라들이었어요.

그 가운데 가장 강한 나라는 대가야였습니다. 경상북도 고령에 도읍했고 562년 신라에 의해 멸망했습니다. 479년에는 중국에 사신을 보냈고, 일본에 수많은 문물을 전하기도 했답니다. 고구려가 신라를 공격했을 때 신라를 도와 전쟁에 참여하기도 하는 등 국제 사회에서 크게 활약했지요.

산등성이마다 빼곡한 가야의 무덤들

대가야의 수도이던 경상북도 고령의 지산동에는 수천 기의 무덤이 산등성이마다 빼곡히 있습니다. 무덤의 크기도 대단한데, 지름이 40미터가량 되는 무덤(39호분)도 있고, 서른두 명 이상이 묻힌 무덤(44호분)도 있지요. 아직 발굴 작업이 다 끝나지는 않았지만, 이러한 규모의 고분은 이곳뿐이라 사적 제79호로 지정되어 있습니다. 그러나 아쉽게도 무덤 대부분이 도굴을 당했지요.

도굴된 유물은 설령 되찾더라도 어디서 발굴된 것인지 알 수 없는 경우가 많아 학술적 가치가 떨어집니다. 그래서 대가야의 역사와 문화를 제대로 밝히기에는 부족함이 많지요. 그런데 20여 년 전, 대가야의 역사를 새롭게 밝혀 줄 유물이 그 모습을 드러냈습니다. 지산동 고분군에서 남쪽으로 약 20킬로미터 떨어진 야산에서 말입니다.

무덤을 세는 단위는?
무덤을 셀 때는 '기'라는 단위를 써요. '기'라는 단위는 무덤뿐만 아니라, 비석이나 탑을 셀 때도 쓴답니다.

1985년 7월 경상대학교박물관 연구원들은 경상남도 합천 일대를 샅샅이 답사하면서 가야의 고분을 찾고 있었어요. 그러다 쌍책면 옥전 마을 뒷산에서 도굴꾼들이 미처 챙기지 못하고 버려 둔 금동제 투구 조각과 쇠갑옷 조각을 무더기로 발견했지요. 이 발견을 시작으로 6년 동안 찾아낸 고분은 무려 119기에 달했고, 삼천여 점의 유물도 찾아냈습니다.

이 옥전 고분군에서는 금동 관, 금동제 투구, 용과 봉황문이 장식된 큰 칼, 말 갑옷, 금 귀걸이 등과 함께 멀리 지중해 연안에서 만든 유리그릇도 나왔어요.

기쁨에 들뜬 학자들은 이것이 어느 가야의 고분인지 조사하기 시작했어요. 그러다가 '다라'라는 결론을 내렸지요. '다라'는 《일본서기》라는 역사책에 고령의 가라, 함안의 안라와 함께 여러 번 등장하는 나라의 이름인데, 현재 옥전 고분군에서 약 1킬로미터 떨어진 곳에 '다라'라는 이름을 지닌 마을이 있었기 때문이에요. 마을 이름은 오랜 세월이 지나도 쉽게 바뀌지 않으니 옥전 고분군의 주인공이 바로 다라의 지배층이었던 거예요. 옥전 고분군의 발견으로 이제 우리는 다라가 대가야를 구성한 핵심적인 나라였음을 알게 되었습니다.

대가야인의 정교한 세공 기술

삼국 시대 사람들은 금 귀걸이를 좋아했어요. 금 귀걸이는 남녀노소 구분 없이 좋아했는데, 사회 지배층만이 가질 수 있었지요. 왕족이 묻힐 때는 더욱 화려한 귀걸이 여러 개가 함께 묻혔어요.

금은 다른 금속에 비해 비싸기는 하지만, 오랜 세월이 지나도 변하지 않습니다. 열을 가하거나 망치로 두드리면 원하는 형태로 손쉽게 만들 수 있는 장점도 있어요. 금 1그램을 최대한 늘

가야 / 신라 / 고구려

리면 3.3킬로미터 이상의 길이로 만들 수 있다고 해요.

귀걸이 같은 장신구는 시대나 나라마다 좋아하는 모양이 달랐습니다. 고구려와 신라 사람들은 귀걸이의 고리가 굵은 것(굵은 고리 귀걸이)을 좋아했어요. 아래로 늘어뜨린 장식에 수십 개씩 달개(매달아서 반짝거리도록 한 얇은 쇠붙이 장식)를 주렁주렁 매달기도 했지요. 반면 백제와 가야 사람들은 단순한 장식을 좋아했어요. 특히 가야 사람들은 나뭇잎이나 열매 모양처럼 자연에서 본뜬 모양을 즐겼답니다.

가야에서 가장 화려한 귀걸이는 옥전 M4호분과 M6호분에서 출토됐어요. 이 두 무덤은 다라국의 전성기이던 6세기 전반의 왕릉이라 추측되는 무덤이지요. M6호분에서 나온 금 귀걸이는 금판을 파이프 모양으로 둥글게 말아 고리를 만들었어요. 이 고리를 만드는 데 금판 석 장을 썼답니다. 네모난 금판을 둥글게 말고 안쪽에서 땜질해 붙인 양 끝은 둥근 금판으로 막아 완성했

무덤 이름에 붙은 M의 정체는?

옥전 고분 가운데에는 옥전 28호분처럼 아라비아 숫자로 표기하는 경우가 있고, 옥전 M6호분처럼 영문 M을 붙이는 경우가 있어요. 고분의 번호는 발굴하는 단체에서 임시로 매겨요. 옥전 고분의 경우는 발굴 당시 봉분이 남아 있는 것은 봉분을 뜻하는 영어 단어 마운드(Mound)의 약자 M을 붙이고, 봉분이 깎여 남아 있지 않은 것은 발굴 순서대로 아라비아 숫자만 붙였다고 해요.

어요.

　가는 고리의 속을 비게 만드는 데도 세밀한 기술이 필요하답니다. 금을 아끼면서도 화려하게 만드는 방법이니까요. 또 장식이 많아도 덜 무겁지요. 아무리 아름다워도 너무 무거운 귀걸이는 귀에 달 수 없을 거예요.

　귀걸이를 구성하는 여러 부품은 별도로 만든 다음 금실을 이용하여 이어 달았어요. 맨 아래쪽에는 치자나무 열매 모양의 장식이 있어요. 묵직해 보이지만 이것 역시 속이 비어 있답니다.

　이 귀걸이는 가야만의 기법으로 만들어졌어요. 어떤 부분은 신라의 귀걸이와 비슷한 점도 있는데, 신라의 기법을 받아들여 대가야에서 만든 것 같아요. 이 귀걸이가 만들어진 시기는 대가야와 신라가 결혼 동맹을 맺는 등 평화로운 시기였어요. 그래서 신라의 문화가 들어올 수 있던 것이지요.

고령 지산동 32호분 금동 관 높이 19.5센티미터

고령 지산동 32호분은 대가야가 주변으로 세력을 조금씩 확장해 나가던 5세기 전반의 무덤입니다. 금동 관은 앞쪽에 큰 세움 장식 하나가 있고, 관 테두리는 각지게 꺾여 있어요. 큰 세움 장식과 관 테두리는 못 여섯 개를 박아 고정했고, 양쪽에 덧붙인 세움 장식에도 못을 두 개씩 박았답니다. 일본의 후쿠이 현에 있는 니혼마쓰야마 고분에서도 비슷한 금동 관이 출토됐는데, 아무래도 지산동 금동 관의 영향을 받아 만든 것 같아요.

합천 옥전 M4호분 금 귀걸이 길이(오른쪽) 11.7센티미터

이 귀걸이는 대가야 귀걸이 중 가장 화려한 편에 속합니다. 귀걸이의 금 색깔도 밝은 노랑이지요. 금이 밝은 노란빛을 띤다는 것은 금의 순도가 24K, 즉 순금에 가깝다는 것을 의미해요. 금에 불순물이 섞이면 순도가 낮아지는데, 그러면 색깔이 탁하거나 조금 붉은 느낌을 주거든요. 이 귀걸이는 M6호분 귀걸이처럼 고리가 굵은 편이에요. 맨 위의 둥근 고리와 아래쪽 장식을 연결하는 부분은 백제 무령왕의 귀걸이나 신라 천마총의 귀걸이처럼 넓은 금판을 덧씌운 점이 특색입니다.

고령 지산동 I지구 3호분 투구 높이 20센티미터

삼국 시대의 장수들은 적의 공격으로부터 자신의 몸을 보호하기 위하여 쇠로 만든 갑옷과 투구를 사용했어요. 지산동에서 출토된 이 투구는 마치 요즘의 모자처럼 챙이 있어 특이합니다. 그 때문에 이 투구를 차양주(빛을 차단하는 투구)라 부릅니다. 쇳조각을 이어 붙여 몸체를 만들었고, 맨 꼭대기에는 속 빈 대롱 장식을 붙였는데 원래는 수실 같은 것을 꽂았던 것 같아요. 역사학자들은 이러한 투구가 일본 열도에서 많이 출토된다는 점에 근거하여 왜에서 만든 것으로 보기도 하고, 백제의 영향을 받아 가야에서 만들었을 가능성이 있다고도 봅니다.

경주 구정동의 철갑옷

선사·고대관 신라실, 어깨 너비 44센티미터

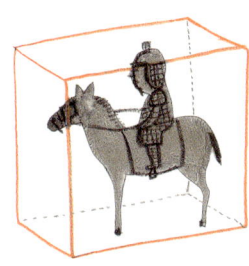

신라의 힘은 철에서 나왔다!

청동기 시대에 접어들면서 계급이란 것이 생겨나고 여기저기서 싸움이 벌어졌어요. 짐승을 잡기 위해 만든 칼이나 창으로 사람을 위협하게 된 것이지요. 나날이 날카로워지는 무기로부터 신체를 보호하기 위해 무언가가 필요해졌습니다. 처음 만든 갑옷은 짐승의 가죽으로 만든 것이었어요. 그러다가 철이라는 새로운 소재를 자유자재로 다룰 수 있게 된 삼국 시대에 이르러 철로 만든 갑옷이 등장했답니다.

지금으로부터 약 1600년 전 신라의 장군은 철로 만든 갑옷을 입었어요. 철로 만들었으니 얼마나 무거울까요? 무게를 달아 보니 자그마치 5킬로그램이나 되더군요. 이런 갑옷을 입던 삼국 시대로 떠나 볼까요?

 탈해왕은 대장장이다

380년 신라는 중국 전진으로 사신 위두를 파견했습니다. 당시 전진의 왕 부견이 "요즘 해동의 사정은 어떠한가?"라고 묻자, 위두는 "중국에서 나라 이름이 바뀌는 것만큼이나 크게 달라졌습니다"라고 말했어요. 당시 중국은 삼국 시대가 끝난 뒤 여러 나라로 갈리어 혼란스러운 상황이었는데, 대담하게도 이를 빗대어 말한 것이지요. 중국의 나라들과는 비교도 안 되게 작은 나라인 신라의 사신이 중국 북부 지역을 통일한 전진의 왕 앞에서 이렇게 자신감 넘치는 태도를 보일 수 있던 까닭은 무엇

일까요? 아마도 신라에서 만들어 내는 풍부하고 질 좋은 철 때문이었을 것입니다.

신라의 철에 대한 기록은 3세기 중반에 쓰인 중국 역사책 《삼국지》에 실려 있습니다. 이 책에는 '변진에는 철이 나는데, 시장에서 물건을 사고팔 때 돈처럼 쓴다. 중국의 군현이나 마한, 동예, 왜 등지에서도 사 간다'라고 기록되어 있어요. 여기서 말하는 변진은 변한과 진한일 가능성이 높은데, 진한의 중심지이던 경주는 당연히 포함됐을 거예요.

《삼국사기》를 읽다 보면 흥미로운 기록이 한 줄 보여요. 신라의 탈해왕이 '나는 본디 대장장이다'라고 말한 것입니다. 왕이 대장장이라니, 이해하기 어렵지요? 하지만 옛날에는 철을 다루는 것이 최첨단의 기술이었어요. 왕이 그런 기술을 가졌다고 하는 것은 강한 권력을 가지고 있다는 뜻이지요.

이 무렵(2~3세기) 신라에서 어떻게 철기를 만들었는지를 알 수 있게 해 주는 유적이 경상북도 경주시 황성동에서 발견됐습니다. 이런 유적을 제철 유적이라고 부른답니다. 제철 유적 주변에서는 철을 만든 장인들의 무덤과 집터도 함께 발견이 됐어요. 커다란 무덤 속에는 최고급의 각종 무기와 장식품, 말갖춤 등이 들어 있었지요.

황성동 유적보다 한 단계 더 발전한 제철 기술을 볼 수 있는 것이 경주시 구정동에서 발견된 철갑옷입니다. 경주 불국사역 주변 야트막한 산꼭대기에서 발굴된 철갑옷은 여러 가지 비밀을 간직하고 있어요. 그 비밀을 캐내려면 먼저 갑옷을 자세히 살펴보아야 해요. 갑옷 전체에 녹이 슬어 있고 부식된 부분도 있지만, 1600여 년의 세월을 견딘 것치고는 상태가 아주 좋은 편이니 자세히 살펴봅시다.

이 갑옷은 얇은 철판 여러 조각을 못으로 연결해서 만든 거예요. 갑옷을 만들려면 옷을 만들 때처럼 밑그림이 있어야 하지요. 입는 사람의 몸에 잘 맞도록 어느 정도 크기의 철판이 몇 장 필요한지, 어디에 몇 개의 못을 박아야 하는지 등의 계획을 잘 세워야 합니다.

갑옷의 가슴 아래쪽을 보면 세로로 길쭉한 판을 겹쳐서 만들었음을 알 수 있습니다. 겹친 면에는 일정한 간격으로 못이 박혀 있어요. 눈으로는 잘 보이지 않지만, X선 사진 촬영을 해 보면 쇠판에 뚫린 구멍과 그 구멍에 끼워진 못이 보인답니다. 갑옷은 몸의 굴곡을 생각해서 만들었고, 위쪽에는 갑옷이 흘러내리지 않게 하려고 멜빵식 고정 장치를 만들었지요.

갑옷에 쓰인 철판은 한 장 한 장 망치로 두드려 만들었어요. 철판의 두께를 고르게 하고 크기를 적당하게 만들려면 그만큼 정교한 기술이 있어야 하지요.

구정동 철갑옷이 만들어진 4세기 초반은 신라가 막 힘을 떨치려 하던 시기였어요. 당시 신라는 고구려와 백제보다는 조금 늦었지만, 이런 제철 기술을 바탕으로 나라의 힘을 기르고 중국에 사신을 보내는 등 국제 무대에서도 활발하게 활동하고 있었답니다.

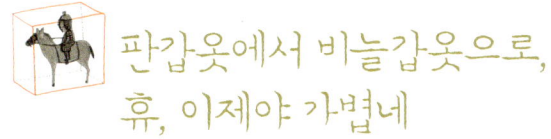 판갑옷에서 비늘갑옷으로,
휴, 이제야 가볍네

　삼국 시대의 철갑옷은 두 가지 종류가 있어요. 먼저, 구정동 갑옷은 판갑옷이라고 해요. 큼지막한 철판을 조립해서 만든 것이지요. 여러분 손가락 두 개를 합친 크기 정도의 철판 수백 개를 가죽 끈으로 바느질하듯 꿰매어 만든 갑옷도 있습니다. 이것은 마치 용이나 물고기의 비늘처럼 생겼다고 해서 비늘갑옷이라고 한답니다.

　두 갑옷 가운데 판갑옷이 만들기는 더 쉬운데, 입고 활동하기가 어렵다는 단점이 있어요. 그냥 서 있기도 힘든데, 뛰어가거나 말을 타기는 더욱 어려웠겠지요. 그래서 나중에는 공이 더 많이 들어가긴 하지만 활동하기에 편한 비늘갑옷을 주로 만들었답니다.

　고구려의 고분 벽화를 보면 말을 타고 창을 휘두르면서 싸우는 장수가 있습니다. 그런데 장수뿐만 아니라 장수를 태운 말도 비늘갑옷을 입고 있어요. 만들기 어려운 비늘갑옷을 말에게도 입혔다니, 당시 전쟁에서 말이 얼마나 중요했는지 잘 알 수 있겠지요?

　판갑옷이든 비늘갑옷이든 철갑옷은 만들기도 무척 어렵고 많은 돈과 노력을 들여야 했기 때문에 누구나 가질 수는 없었어요. 삼국 시대의 전쟁 기록을 보면 전투에서 승리한 군대가 패배한 군대를 포로로 잡거나 갑옷과 무기를 모두 빼앗아 가는 내

용이 자주 나옵니다. 빼앗은 갑옷과 무기는 조금씩 고쳐 다시 쓰기도 하고, 좀 더 좋은 기술이 확인되면 그 기술을 따라 하기도 했을 거예요.

구정동 철갑옷이 유행하던 시기에서 100년 정도 지나면 갑옷은 더욱 좋아집니다. 목을 보호하는 가리개도 큼지막해지고, 팔뚝과 정강이를 가리는 장치도 쇠로 만들게 되지요. 머리 위에 쓰는 투구에도 얼굴 양쪽 볼을 가리는 장치를 덧붙이게 됐어요. 경주 금관총 출토품처럼 왕의 갑옷에는 금으로 도금을 하기도 했답니다.

이렇게 판갑옷이 비늘갑옷으로 발전하고 또 전쟁이 많아지면서 철갑옷을 대량으로 생산하게 되었어요. 자연히 신라의 수공업은 크게 발전했고, 이런 것들이 차곡차곡 쌓여 삼국 통일을 이루는 힘이 되었답니다.

함께 보면 좋은 유물

고사리무늬 쇠창 길이(오른쪽) 64.4센티미터

철갑옷이 출토된 경주 구정동 고분에서는 철갑옷 두 점과 함께 서른 점 이상의 쇠창이 출토됐어요. 마치 철도 레일처럼 바닥에 깔린 채로 말이에요. 쇠창에 고사리처럼 생긴 장식이 있는 것으로 보아 실제 사용한 무기가 아니라 아마도 제사 의식 때 쓰인 창 같습니다.

나무로 만든 갑옷 틀 높이 54센티미터

경상북도 경산 임당동의 저습지 유적(물이 고여 있어 유기 물질이 잘 남아 있는 유적)에서는 소나무로 만든 갑옷의 틀이 출토됐어요. 아마도 구정동 철갑옷과 같은 판갑옷을 만들던 틀 같아요. 아래쪽에는 작업할 때 편리하도록 네 개의 다리를 깎아 만들었답니다.

말 머리 가리개 길이 49.5센티미터

부산의 복천동 고분에서 발굴된 말 갑옷의 일부입니다. 4~5세기에는 우리나라 삼국뿐만 아니라 동아시아 각지에서 전쟁이 활발하게 벌어졌어요. 그래서 장군뿐만 아니라 그가 타고 있던 말까지 갑옷으로 무장하고 전쟁에 참가했지요. 복천동 고분은 가야 고분이라고 표기되어 있지만, 많은 학자가 신라 고분이라고 생각한답니다.

황남 대총 금관

선사·고대관 신라실, 국보 191호, 높이 27.3센티미터

찬란한 황금의 나라, 신라

앞에서 소개한 무령왕릉은 발굴 과정에 아쉬움이 많이 남긴 했지만, 발굴 당시 나라 안팎으로 큰 화제를 불러일으킨 사건이었어요. 그리고 곧이어 경주에서 가장 큰 무덤인 황남 대총을 발굴하라는 대통령의 지시가 떨어졌지요. 당시의 문화재 관리국은 이렇게나 큰 무덤을 발굴해 본 경험이 없기 때문에 걱정이 이만저만이 아니었습니다. 그래서 우선 조금 작은 무덤 하나를 연습 삼아 발굴했는데, 그 속에서 천마도가 그려진 말다래(말을 탄 사람의 옷에 흙이 튀지 않도록 가죽 같은 것을 말의 안장 양쪽에 늘어뜨려 놓은 것)가 나왔어요. 이 무덤이 바로 그 유명한 천마총이랍니다.
천마총 발굴로 자신감을 얻은 문화재 관리국은 1973년 7월부터 황남 대총을 발굴하기 시작했습니다.

곱은옥과 달개 장식으로 화려함을 뽐내는 신라 금관

황남대총은 남북으로 두 개의 무덤이 연결되어 있고 길이가 자그마치 120미터가 넘는 거대한 무덤이에요. 이곳을 발굴할 때 발굴단은 먼저 황남 대총 북쪽 무덤을 파기 시작했어요. 1974년 10월 말, 발굴을 시작한 지 1년 4개월이 지난 어느 날이었어요. 마침내 조사단의 손길이 무덤 주인공에게까지 다다랐습니다. 조심스레 흙더미를 제거하자 황금빛 광채가 눈부시게 빛났어요. 금관이었습니다!

당연히 이 무덤을 왕릉이라고 단정했어요. 그때까지만 해도 금관은 당연히 왕이 쓰는 것이고 왕의 상징물이라고 여겼기 때문이지요. 그런데 함께 출토된 은제 허리띠에는 '부인대'라는 글귀가 새겨져 있었어요. 부인대는 '부인의 허리띠'라는 뜻이에요. 어찌 된 일일까 하는 의문은 들었지만, 그래도 이 무덤은 왕릉일 거라고 생각했지요.

곱은옥 장식

달개 장식

이 의문은 다음 해에 남쪽 무덤을 발굴하면서 풀렸습니다. 남쪽 무덤에서는 60대 남성의 머리뼈, 이빨 등과 함께 수많은 무기가 출토됐어요. 먼저 발굴한 황남 대총 북쪽 무덤의 주인공은 신라의 왕비였던 거예요.

신라 왕비의 황금 장신구 가운데 가장 눈길을 끈 것은 역시 금관이었어요. 이 금관은 비취색의 곱은옥(옥을 반달 모양으로 다듬어 끈에 꿰어서 장식으로 쓰던 구슬)과 금으로 만든 달개를 가득 달고 있었지요.

　국보 191호로 지정된 이 금관은 무덤처럼 둥글게 만든 방 한 가운데에 조명을 받으며 전시되어 있어요. 금관은 사방이 고요할 때, 즉 관람객이 없을 때 홀로 살펴보면 그 느낌이 더욱 좋습니다. 1500여 년 동안 그 형태와 빛깔을 온전히 유지한 금관을 가만히 살펴보세요. 빛나는 달개 장식이 살짝 떠는 것을 볼 수 있을지도 모르니까요. 금관 장식에서 한자 산(山)을 닮은 것을 찾을 수 있나요? 금관 위로 뾰족하게 솟아오른 장식이에요. 하늘을 향해 가지를 쭉 뻗은 나무를 본뜬 모양입니다. 종이처럼 얇은 금판 위에 그림을 그린 다음 가위 같은 도구로 오려서 만든 것이지요.

　산(山) 자형 장식의 좌우에는 뒤쪽에서 송곳으로 두드려 댄 사슴뿔 모양의 장식이 붙어 있어요. 금관을 더 화려하게 보이게 해 주면서 금판이 휘는 것도 막아 주지요. 중간에 볼록 튀어나온 곳에는 곱은옥이나 달개를 매달아 화려하게 꾸몄습니다.

산(山) 자형 장식

　이제 조금 뒤로 물러나서 금관을 바라보세요. 그리고 산(山) 자처럼 생긴 장식의 개수를 세어 보세요. 하나, 둘, 셋. 세 개군요. 신라 금관 가운데 오래된 금관은 산 자가 세 개이고, 늦게 만들어진 금관은 네 개랍니다. 시간이 흐르면서 더 복잡하고 화려하게 만들었지요.

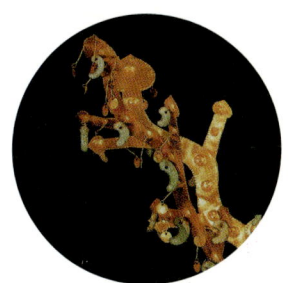

사슴뿔 모양 장식

　나뭇가지와 사슴뿔 모양의 장식에는 자연을 신성시하고 하늘과 이야기하고 싶어 한 옛사람들의 소망이 담겨 있어요. 금관의 화려함을 더욱 돋보이게 하는 곱은옥은 신라인들이 유독 좋아한 장식입니다. 곱은옥은 엄마 몸속의 태아와 비슷한 모양이라서 생명을 상징하는 것으로 보고 있어요. 금관에 곱은옥을 장식한 것은 무덤 주인공이 죽은 뒤 새로운 세상에서 부활하기를 간절히 바라서가 아닐까 하는 생각이 듭니다.

 신라의 금관은 성의 없이 만들어졌다?

신라 고분에서 발견된 금관은 모두 왕관일까요? 지난 몇 년간 신라 금관을 자세히 연구해 본 결과, 모두 다 왕관은 아니라는 것을 알게 되었어요. 그 이유를 지금부터 살펴봅시다.

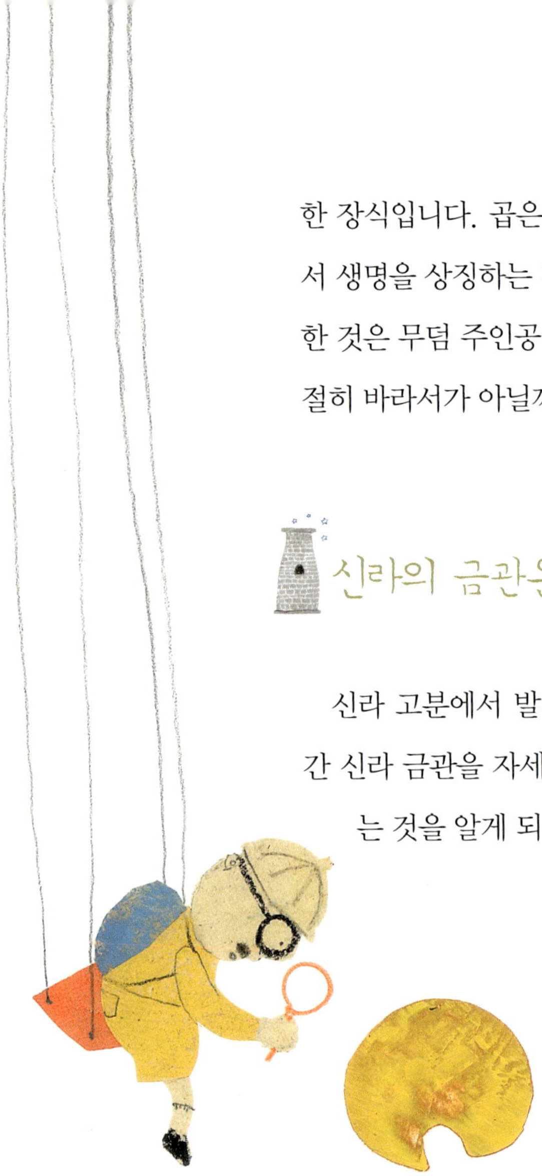

우선 금관의 크기부터 볼까요? 그동안 금령총, 서봉총, 천마총, 황남 대총 북쪽 무덤에서 나온 금관은 모두 주인공의 머리 쪽에서 발견됐어요. 그런데 자세히 살펴보면 금관의 아래쪽이 주인공의 어깨까지 내려와 있습니다. 즉 이마에 딱 맞게 쓴 것이 아니라, 머리 전체를 덮듯이 내려서 쓴 금관이라는 거예요. 살아생전에 쓰던 관이 아니라, 시신과 함께 묻은 부장품이라는 것을 알 수 있습니다.

이번에는 금관이 출토된 무덤의 숫자를 세어 보지요. 경주에 있는 큰 무덤들에는 1기부터 155기까지 번호가 붙어 있어요. 그 가운데 지금까지 발굴된 무덤은 20퍼센트 정도입니다. 일부만 발굴됐을 뿐인데도 금관이 이미 다섯 점이나 나왔어요. 지금까지 금관이 출토된 무덤들은 5세기 후반부터 6세기 전반까지 100년도 못 미치는 기간에 만들어진 것인데, 이 시기 신라의 왕

은 눌지왕, 자비왕, 소지왕, 지증왕 등 네 명에 불과합니다. 이미 출토된 금관의 수가 왕의 수보다 많다는 것은 왕 외의 다른 사람의 무덤에도 금관을 묻었다는 뜻이에요. 지금까지 금관은 성인 남성의 무덤에서 두 점, 성인 여성의 무덤에서 두 점, 열다섯 살 전후로 보이는 소년의 무덤에서 한 점이 출토됐어요. 금관은 왕만 쓴 것이 아니고, 왕족 여성이나 왕자도 가질 수 있었음을 알 수 있지요. 무덤을 전부 다 조사한다면 금관은 훨씬 더 많이 출토될 테니, 그때가 되면 금관의 비밀을 더 많이 알게 되겠지요?

마지막으로 금관을 다시 한 번 찬찬히 살펴봅시다. 제가 국립중앙박물관에서 근무할 때 신라 금관을 모두 만져 보고 자세히 관찰할 기회가 있었는데, 모양은 무척 화려하지만 매우 약하게 만들어져 있었어요. 장식이 지나치게 많아 쓰기에도 불편하고요. 특히 금관총 금관은 무성의하다는 느낌이 들 정도로 끝마무리가 제대로 되어 있지 않아 의외다 싶었답니다. 신라의 가장 높은 신분인 왕이나 왕족이 사용한 물건이라면 최고로 공을 들여 만들어야 하는데, 이 금관은 그렇게 보이지 않았지요. 아마 장례 용품으로 급하게 만들다 보니 그리된 것이 아닐까 싶습니다.

그러나 이 금관에는 1500여 년 전 신라인들의 삶과 생각을 추리해 볼 수 있는 다양한 정보가 가득 들어 있기에 국보로 지정됐답니다.

함께 보면 좋은 유물

금제 허리띠
국보 192호, 길이 120센티미터

금관과 함께 전시된 이 허리띠는 무게가 자그마치 1.2킬로그램에 달합니다. 이런 금제 허리띠는 금관과 마찬가지로 왕의 직계 가족만이 가질 수 있었어요. 주렁주렁 늘어뜨린 드리개의 끝에는 비취와 금으로 만든 곱은옥, 손칼, 용무늬를 뚫어새긴 금판 등이 매달려 있습니다.

터키석으로 장식한 팔찌
보물 623호, 지름 7.5센티미터

황남 대총 북쪽 무덤에서 나온 유물 중에는 멀리 지중해 연안에서 만들어진 것도 있어요. 왕비가 왼쪽 팔에 끼우던 팔찌도 그렇습니다. 신라의 일반적인 팔찌에 비해 표면이 아주 넓어요. 그리고 푸른색 터키석으로 장식해서 더욱 화려하게 꾸몄지요. 디자인이나 기술을 보면 수입품이라는 것을 알 수 있답니다.

금으로 만든 그릇
보물 626호, 높이 9.1센티미터

황남 대총에서는 순금으로 만든 그릇이 열세 점이나 출토됐어요. 장식품으로 쓰기에도 귀한 순금으로 그릇을 만들었다니, 정말 대단해 보이지요? 옛 기록에서 '신라는 눈부신 황금의 나라'라고 한 이유가 바로 여기에 있을 거예요. 그릇의 형태가 신라 고분에서 출토된 토기와 똑같은 것을 보면 신라에서 만든 것이 분명합니다.

황남 대총 동로마 유리그릇
선사·고대관 신라실, 국보 193호, 높이 24.7센티미터

실크로드를 건너온 보물

국립중앙박물관 전시실을 둘러보다 보면 간혹 낯선 유물을 만나곤 해요. 국립중앙박물관에 우리나라 유물만 전시된 것은 아니니까요. 중국실, 일본실, 서역실, 동남아시아실 등 외국 문물을 전시하는 아시아관이 마련되어 있답니다. 아시아관 외에도 고분관의 신라실이나 백제실에 외국에서 만든 유물이 전시되어 있기도 하지요. 우리나라 삼국 시대의 유적에서 발굴한 것들입니다. 중국이나 일본에서 들여온 것이 많고, 멀리 지중해 연안에서 수입한 것도 있습니다. 경주 황남 대총에서 출토된 유리그릇이 바로 그렇지요. 유독 신라 고분 속에서 많이 출토되는 동로마의 유리그릇은 어떤 길을 통해서 신라까지 전해졌을까요?

금, 은보다 더 귀한 사치품, 유리

우리나라에서 유리를 처음 사용한 것은 청동기 시대였지만, 모두 외국에서 수입한 것이었어요. 우리 조상들의 손으로 유리 제품을 직접 만든 것은 지금으로부터 약 2000년 전입니다. 그즈음의 몇몇 유적에서 유리구슬을 만들 때 사용한 거푸집이 발견됐지요.

유리구슬을 가장 많이 만들던 때는 삼국 시대였습니다. 1971년 발굴된 백제의 무령왕릉에서는 몇 만 점의 유리구슬이 쏟아져 나오기도 했어요.

신라의 왕릉인 황남 대총 남쪽 무덤에서도 수천 개의 유리구슬을 엮어 만든 목걸이가 출토됐어요. 유리그릇도 일곱 점이나 나왔지요.

그런데 이 유리그릇은 우리 것이 아니었어요. 동로마 제국에 속하던 지중해 연안이나 중앙아시아에서 만들어진 것이었지요. 유리그릇에서 떨어져 나온 작은 조각의 성분을 분석해 보니 동로마의 유리그릇과 똑같다는 사실이 밝혀졌거든요. 게다가 모양도 낯선 것이었어요.

그 가운데 '봉황 머리 모양 유리병(봉수병)'이 특히 눈길을 끕니다. 이 유리병의 이름은 유리병 입술이 마치 봉황의 머리처럼 생겼다고 해서 붙은 것입니다. 이 병은 원래 고대 그리스에서 술병이나 물병으로 쓰이던 오이노코라는 병의 한 종류예요. 입술이 새의 부리 모양이고, 그 아래에 한 줄, 목에 열한 줄의

유리구슬 거푸집
구멍에 가는 심을 끼우고 유리액을 부으면 구멍이 있는 유리구슬이 만들어집니다.

풍납토성에서 발굴된
유리구슬 거푸집

푸른색 유리 띠를 돌려 감아 장식했어요. 몸통은 달걀 모양이고, 아래쪽에는 굽(그릇 따위의 밑바닥에 붙은 나지막한 받침)을 붙였지요.

이런 형태의 그릇은 동부 지중해 연안의 여러 지역에서 만들어진 것으로 보여요.

동로마의 유리그릇은 '대롱 불기'라는 재미있는 방법으로 만들어졌어요. 유리를 열로 녹인 다음 길쭉한 파이프 끝에 찍어서 풍선을 부는 것처럼 붑니다. 입김의 세기에 따라 유리그릇의 모양이나 두께, 그리고 크기가 달라지지요. 대롱 불기를 한 다음, 그릇에 구멍을 뚫거나 받침을 붙이기도 하고, 여러 가지 색깔의 유리를 붙여 예쁘게 꾸미기도 했어요. 중국의 한나라 왕실은 이 기술을 배우려고 멀리 로마로부터 유리 기술자를 초청하기도 했답니다.

요즘은 음료수 병, 전등, 창문 등 일상생활에서 흔히 쓰이는 소재가 됐지만, 삼국 시대 때만 해도 유리는 금이나 은보다 더 귀한 몸이었답니다. 굉장한 사치품이었지요. 이 봉수병만 봐도 알 수 있어요. 손잡이 위쪽을 자세히 살펴보면 금실로 감은 것을 볼 수 있습니다. 손잡이가 깨진 것을 금으로 감싼 거예요. 당시 신라에서는 금보다 유리가 더 귀했으니까요.

그동안 신라 고분에서 발굴한 유리그릇은 스물네 점입니다. 모두 무덤 주인공의 머리맡에 놓여 있는 나무 상자 속에서 출토됐어요. 가장 좋고 소중한 물건들을 머리맡에 두었으니 유리그릇이 정말 귀한 대접을 받은 거겠지요?

국제화 시대를 연 삼국 시대 사람들

지금으로부터 1500여 년 전 어떻게 그 먼 나라의 유리그릇이 신라에까지 전해질 수 있었을까요? 사실 오랜 세월 동서양은 서로 교류 없이 제각기 발전했습니다. 그러다 교류를 트게 된 중요한 사건이 있었는데 바로 실크로드, 즉 비단길이라 불리는 길이 열리게 된 것이지요. 비단길이 통하기까지는 수많은 사람의 희생과 노력이 필요했어요. 동양과 서양을 하나로 이어 준

비단길은 크게 세 갈래 길이 있었어요.

첫 번째 길은 오아시스길이라고 불립니다. 동양과 서양을 가로막은 거대한 사막을 지나려면 반드시 물이 필요했어요. 그래서 사막 중간 중간에 있는 오아시스를 근거지로 길게 연결해서 길을 만든 것이지요. 이 길은 중국 한나라 때 활약하던 장건과 반초라는 인물이 개척했어요. 현재 중국의 화베이에서 간쑤 성을 지나 타림 분지, 파미르 고원으로 연결되는 길입니다.

두 번째 길은 초원길이라고 불리는 길입니다. 이 길은 중국이

나 우리나라의 북쪽에서 동서로 길게 펼쳐진 초원 지대를 횡단하는 길입니다.

세 번째 길은 중국의 화난 지방에서 동남아시아, 인도 남부를 거쳐 페르시아 만에 다다르는 바닷길이었습니다. 이 길도 이미 1세기 무렵에는 개척되어 있던 것으로 기록돼 있어요.

비단길을 통해 오랜 세월 끊겨 있던 동서양 문화의 큰 줄기가 합쳐지는 계기가 마련된 것이지요. 그때 우리나라 삼국 시대 사람들도 동서양 문화 교류에 참여하고 있었음을 보여 주는 것이 황남 대총의 유리그릇입니다. 삼국 시대 때 여러 나라는 서로 경쟁하듯 해외로 나갔고, 비단길을 넘어 지금의 중동과 그 주변 지역에까지 미쳤어요. 그 결과 삼국의 문화는 그 어느 시대보다도 국제적인 성격을 띠게 되었습니다.

신라 고분에서는 '고대 문화의 타임캡슐'로 불릴 만큼 많은 유물이 출토됐는데, 특히 서역에서 만들어진 황금 보물과 유리 제품이 원래 모습을 잘 간직한 채 발견되었어요. 황남 대총 북쪽 무덤에서는 보석으로 장식된 금팔찌가 출토되기도 했고요. 계림로 14호분이라는 조그마한 무덤 속에는 중앙아시아에서 만든 황금제 보검이 묻혀 있었답니다.

통일 신라 시대 유적인 괘릉과 흥덕왕릉에는 둔 눈을 부릅뜬 채 왕릉을 지키는 무인 조각상이 있는데, 이 조각상의

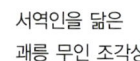

서역인을 닮은
괘릉 무인 조각상

얼굴이 서역 사람을 닮았습니다. 감은사지 사리장엄구의 표면을 장식한 사천왕의 모습도 서역 사람과 비슷하지요. 이를 두고 중앙아시아 사람들이 신라에서 활약했다고 보기도 하고, 신라 사람들이 당나라를 통해 중앙아시아 사람들과 접촉했을 거라고도 본답니다.

'서역'은 어디부터 어디까지?
서역은 중국의 서쪽에 있던 여러 나라를 통틀어서 부르는 말이에요. 넓게는 중앙아시아, 서아시아, 인도까지 포함되지요.

함께 보면 좋은 유물

금령총의 물방울무늬 유리잔 높이 7.3센티미터

마치 군인들이 쓰는 철모를 뒤집어 놓은 것처럼 생겼지요? 사실은 신라 왕자의 무덤으로 추정되는 금령총에서 출토된 두 개의 유리잔이에요. 입 지름이 10.5센티미터밖에 되지 않는 아주 작은 크기랍니다. 겉면에 푸른색 물방울무늬를 두 줄로 찍어서 장식했어요.

황남 대총 남쪽 무덤의 금반지 지름 2.4센티미터

황남 대총 남쪽 무덤에서는 금반지 일곱 개, 은반지 열한 개 등 모두 열여덟 개의 반지가 출토됐습니다. 천마총의 주인공은 열 손가락에 모두 반지를 끼고 있었는데, 황남 대총의 주인공은 반지를 끼지 않고 있었어요. 반지를 따로 빼서 상자에 모두 넣어 무덤 속에 껴묻은 것이지요. 그 가운데 다섯 점은 그 모양이 아주 멋있답니다. 금반지 중앙에 금실과 금 알갱이를 붙여 꽃을 표현하고, 그 속에 유리를 녹여 넣어 장식했어요. 황금색과 푸른색이 대비되어 무척 화려하고 아름다워요.

말 탄 사람 모양의 토기

선사·고대관 신라실, 국보 91호, 높이 14.9센티미터

신라 왕자님,
말 타고 어디 가세요?

사람이나 동물, 집, 생활용품 등을 본떠 만든 흙 인형을 토우라고 합니다. 토우는 장난감처럼 가지고 놀기도 했지만, 주술적인 숭배의 대상으로 삼기도 했습니다. 또 무덤에 죽은 사람을 묻을 때 함께 묻기도 했지요.

우리나라는 신라에서 가장 많은 토우가 만들어졌어요. 신라의 토우는 대충 만든 것 같으면서도 1500여 년 전 신라인들의 삶이 진솔하게 표현되어 있답니다. 신라 고분에서 출토되는 유물 가운데에는 토우를 붙여 만든 토기도 있어요. 죽은 사람이 저승에서도 편안히 살기를 바라는 마음에서 무덤 속에 넣은 것 같아요. 이런 토기 가운데 으뜸으로 꼽히는 것이 금령총에서 출토된 기마 인물형 토기입니다. 이름이 좀 복잡하지요? '말 탄 사람 모양의 토기'라는 뜻입니다.

신라인들은 어떤 옷을 입었을까?

일제 강점기인 1924년 당시 조선 총독부의 사이토 총독은 경주시 노서리에 있는 폐고분 1기(뒤에 금령총이라 이름 붙임)를 발굴하라고 명령했어요. 3년 전 금관총에서 금관을 비롯한 황금 장식이 쏟아져 나온 것을 보고 그 주변의 무덤을 발굴하면 많은 보물이 출토될 것이라고 기대했기 때문이지요.

발굴을 시작한 지 20일째, 주인공의 머리맡을 파던 조사원의 호미에 무엇인가 딱딱한 물건이 부딪혔어요. '쨍' 하는 소리를 들어 보니 금속에 부딪히는 소리 같았어요. 그런데 무덤에서 나온 것은 검은색을 띤 단단한 토기 두 점이었어요. 발굴 조사 보고서에는 이 장면을 '전혀 기대하지 못한 보물의 발견에 쾌재를 불렀다'라고 기록해 놓았습니다. 최고의 공예품이 1400여 년 세월을 뛰어넘어 그 모습을 드러낸 순간이었지요.

이 토기가 국보로 지정된 이유는 여러 가지가 있겠지만, 가장

1924년 일제 강점기 당시 금령총 발굴 모습

큰 이유는 신라인의 얼굴이나 옷매무새를 사실적으로 담고 있기 때문일 거예요. 옛날 사람들이 어떤 옷을 입고 또 어떤 장식품을 하고 있었는지 알아내는 것은 몹시 어려워요. 왜냐하면 오랜 세월이 지나면 천이나 나무로 만든 것은 대부분 썩어 없어져 버리기 때문이지요. 기록에도 남아 있지 않고요.

그러던 차에 기마 인물형 토기가 발견되면서 신라인의 의복 생활에 대한 궁금증이 다소 풀렸습니다. 지체가 높은 사람(왕자로 추정)은 고깔 모양의 관을 쓰고, 비늘 갑옷을 걸치고, 코가 뾰족한 가죽 신발을 신었다는 것을 알게 되었습니다. 반면 시종으로 보이는 인물은 관을 쓰지 않고 헝겊으로 만든 띠를 이마 위로 돌려 묶고 옷도 간편하게 입었지요. 토기의 인물은 오똑한 콧날에 뾰족한 턱 때문인지 인상은 다소 날카로워 보이지만, 살짝 감은 두 눈과 펑퍼짐한 말을 보면 금세 친근감이 듭니다. 조

용한 것 같으면서도 활기차 보이는 정중동(조용한 가운데 어떠한 움직임이 있는 것)의 매력도 물씬 풍기고요.

이 두 점의 토기는 말을 탄 인물상이라는 점은 같지만, 자세히 살펴보면 꽤 다르답니다. 갑옷을 입은 주인은 좀 더 크게, 평상복에 관을 쓰지 않은 시종은 조금 작게 만들었어요. 말도 시종의 말은 주인의 말에 비해 장식이 아주 작습니다. 그래서인지 시종이 주인보다 편한 인상으로 느껴집니다.

토기를 옆면에서 감상해 볼까요? 앞쪽에 있는 주전자의 입(주구), 주인공의 얼굴, 뒤쪽에 있는 꼬리를 이어 보면 둥근 원이 그려집니다. 균형 있고 조화로운 배치가 한눈에 들어오지요. 주인공이 타고 있는 말을 살찌게 표현한 것은 안정감을 주기 위해서인 것 같아요. 어떤 사람들은 말 때문에 비례가 맞지 않는다고도 하지만, 안정감을 위해서는 어쩔 수 없었을 거예요.

금령총의 주인은 누구일까?

돌무지덧널무덤
지하에 구덩이를 파고 상자 모양의 나무 덧널을 넣은 뒤, 그 주위와 위를 돌로 덮고 다시 바깥을 봉토로 씌운 무덤이에요. 신라 귀족들의 특수 무덤이지요. 대표적인 신라의 돌무지덧널무덤으로는 천마총이 있어요. 돌무지덧널무덤은 다른 무덤에 비해 거대하고 도굴이 힘들기 때문에 껴묻거리(부장품)가 많이 발견된답니다.

신라 사람들은 왜 이렇게 잘 만든 토기를 무덤 속에 넣어 준 것일까요? 이 토기가 만들어진 시기는 6세기 초입니다. 당시 신라는 한창 성장을 거듭하며 주변으로 뻗어 나갈 준비를 하고 있었고, '돌무지덧널무덤(적석 목곽분)'이라는 거대한 무덤을 만들고 있던 매우 활기 넘치는 시대였어요.

신라 사람들은 현실 세계의 삶이 죽어서도 이어진다는 믿음을 강하게 가지고 있던 것 같아요. 그래서 수많은 사람을 동원해 거대한 고분을 만들고 그 속에 아주 많은 물품을 함께 묻어 주었답니다. 심지어 살아 있는 사람까지 함께요. 이 토기 역시 신라 사람들의 이런 믿음에서 만들어지고 묻혔을 거예요.

신라 고분에서는 이상한 모양의 토기나 흙 인형이 출토되곤 하는데, 보통 일상생활 모습을 편하고 자유롭게 표현하고 있어요. 그런데 기마 인물형 토기는 인물을 세밀하게 표현한 것으로 보아, 누군가를 모델로 해서 만든 느낌이 강하게 든답니다. 이런 경우 무덤의 주인공이거나 그와 관련이 있는 사람일 가능성

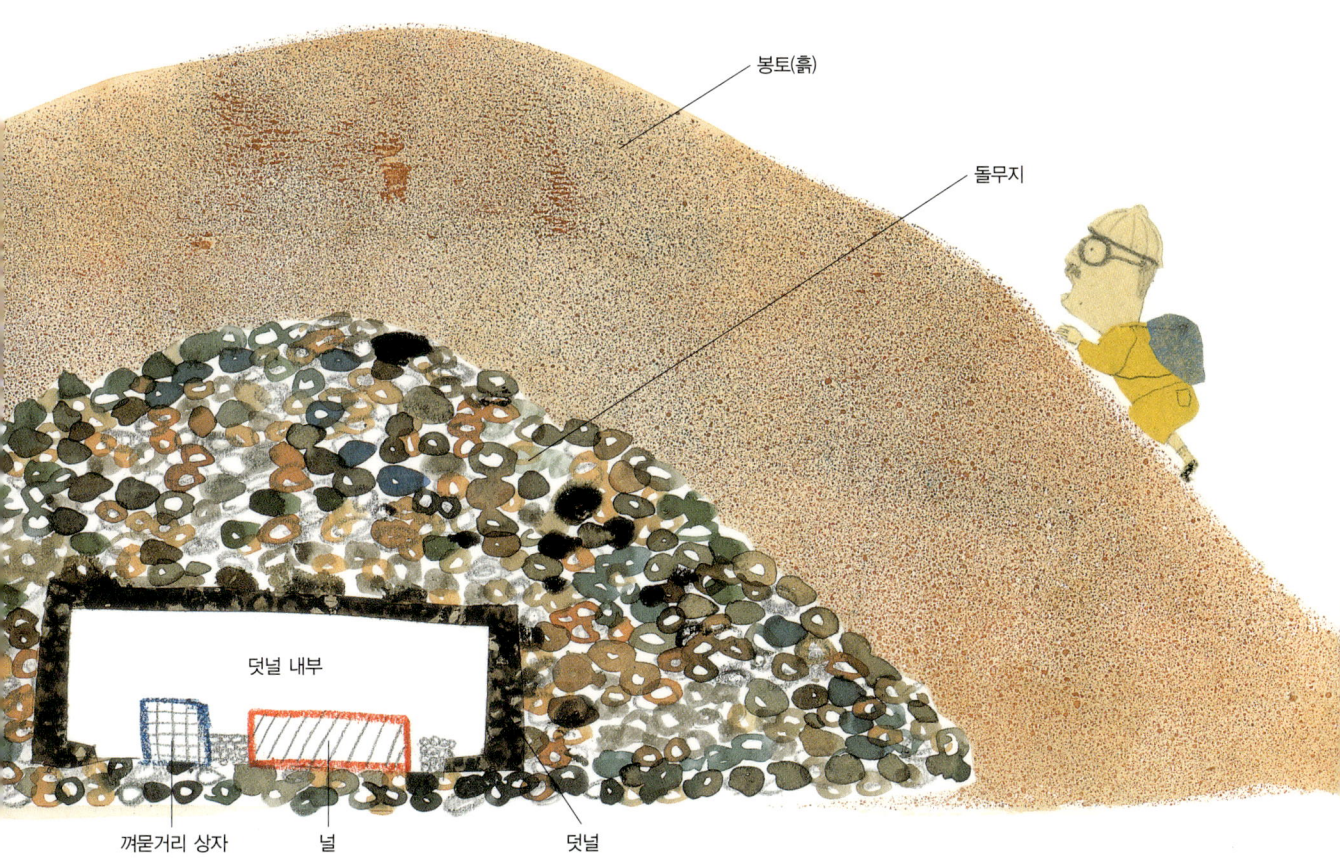

이 큽니다. 그럼, 금령총의 주인은 누구일까요?

금령총은 경주에서 가장 큰 무덤 가운데 하나인 '봉황대'라는 무덤에 딸려 있는 무덤입니다. 아마도 봉황대는 왕의 무덤일 것 같고요. 거기에 딸려 있는 식리총과 금령총은 그 왕의 아들이나 딸의 무덤이 아닐까 추정하고 있어요. 무덤의 규모는 왕의 무덤에 비해 훨씬 작습니다. 그런데도 무덤 속에서 금관, 금제 허리띠 등 왕의 무덤에 버금가는 장식품이 출토됐어요.

금령총에서 출토된 금관이나 허리띠, 환두대도(둥근 고리를 가진 큰 칼)는 다른 무덤에서 나온 것에 비해 크기가 작습니다. 또 금관에 곱은옥이 없는 것을 보면 무덤의 주인공은 젊은 나이에 사망한 신라의 왕자일 것 같아요.

신라인들이 좋아하던 토우, 즉 흙 인형은 금령총이 만들어지던 시기가 지나면 무덤에서 사라집니다. 약 100년이 지난 다음 새로운 모양의 토우가 등장하는데, 이것을 토용이라고 부릅니다. 토용은 처음부터 무덤 속에 넣어 줄 목적으로 만든 거예요. 시종을 죽여 무덤에 넣는 순장 풍습을 대신해서 생겨난 중국풍의 매장 제도였어요. 보통 죽은 이의 가족이나 관리, 병사, 시종을 작게 만들어 넣어 주었지요.

순장 풍습

고대 사회에는 우리가 상상하기조차 어려운 여러 풍습이 있었습니다. 성인식을 하면서 몸에 상처를 내기도 했고요, 이빨을 일부러 뽑아내기도 했어요. 왕이나 귀족이 죽었을 때 시종을 함께 묻어 주는 순장 풍습도 있었답니다. 고구려에서는 왕이 돌아가시면 수많은 사람이 따라서 죽었다고도 하고, 신라에서는 왕이 세상을 뜨면 남녀 각각 다섯 명씩을 함께 묻었다고 해요. 신라의 지증왕은 순장 풍습을 금지시켰답니다.

순장 풍습의 흔적이 남아 있는 김해 대성동 고분

가는 고리 귀걸이 길이 2.9센티미터

금령총에서 출토된 가는 고리 귀걸이는 크기는 작지만, 세련된 모양으로 높은 평가를 받고 있어요. 중간 장식에 끼워진 유리구슬 때문이지요. 금은 세월이 흘러도 색이 변하지 않아서 오래 간직할 수 있지만, 금만 가지고 장식품을 만들면 조금은 단순해지겠지요? 그래서 여러 가지 색깔의 다른 재료를 함께 쓰기도 합니다. 이 귀걸이는 푸른색 유리를 끼워서 더욱 화려하게 만들었어요.

배 모양의 토기 높이 14.9센티미터

이 두 점의 토기 역시 금령총에서 출토됐어요. 배에서 노를 젓고 있는 사람 모양이지요. 배의 아래에는 신라 토기에서 흔히 볼 수 있는 굽다리(그릇에 달린 높다란 굽)를 붙였어요. 간단해 보이면서도 배가 가진 특징을 잘 표현했지요. 배의 뒤쪽에서는 건장한 남성이 힘차게 노를 젓고 있는데, 힘이 아주 센지 전혀 힘들어 보이지 않네요. 그런데 왜 무덤 속에 배를 넣어 준 것일까요? 돌아가신 분의 영혼이 이 배를 타고 무사히 저세상으로 가시길 소망하는 마음 때문이 아니었을까요?

식리총 금동 신발 높이 32센티미터

금령총과 같은 해에 발굴된 무덤이 바로 식리총이에요. '식리'란 장식이 아주 많은 신발이란 뜻이에요. 1924년 발굴 당시 금동 신발이 한 켤레 나왔는데, 그 어느 것보다 화려해서 이런 이름을 붙였어요. 많이 부서져 있지만 다행히 신발 바닥 면은 잘 남아 있답니다. 전체를 육각형으로 나눈 다음 그 속에 연꽃, 봉황, 사람 얼굴을 한 새 등 다양한 무늬를 새겨 넣었지요.

북한산 진흥왕 순수비

선사·고대관 신라실, 높이 155.5센티미터

한강을 차지한 최후의 승자, 신라 진흥왕

국보란 나라에서 정한 최고의 보물이란 뜻입니다. 국보의 번호가 빠르다고 해서 더 중요한 것은 아니지만, 우리나라의 국보 1, 2, 3호가 무엇인지 정도는 기억해 두는 것이 좋을 것 같습니다. 국보 1호는 2008년 2월에 불에 타서 많은 사람에게 충격을 준 숭례문이에요. 국보 2호는 서울 탑골 공원에 있는 원각사지 10층 석탑이고요. 국보 3호는 삼국 시대에 만들어진 비석인데, 이름이 '북한산 신라 진흥왕 순수비(北漢山新羅眞興王巡狩碑)'랍니다. 순수란 국경 지대를 둘러보고 그 지역의 지배권을 잘 다진다는 의미인데, 결국 '진흥왕이 국경 지대를 둘러보고 그곳이 신라의 영토임을 확인한 비석'이라는 뜻이지요. 540년부터 36년 동안 신라를 다스린 진흥왕의 치적을 알아볼까요?

 추사 김정희와 진흥왕 순수비의 관계는?

우리나라의 명필로 흔히 통일 신라 시대의 김생, 조선 시대의 석봉 한호, 추사 김정희를 꼽습니다. 그 가운데 추사는 뛰어난 학식과 안목을 바탕으로 추사체라는 독특한 경지의 서체를 만들어 낸 최고의 명필이었지요. 그는 한 글자 한 글자를 깊이 생각하고 썼다고 합니다. 서예는 글자만 잘 쓴다고 되는 것이 아니라, 학문적인 깊이가 바탕이 되어야 한다고 강조하곤 했지요. 어릴 때부터 천재 소리를 들었고, 중국에까지 명성이 자자할 정도였답니다.

1816년 7월의 일입니다. 당시에는 북한산 비봉 꼭대기에 태조 이성계를 도와 조선을 세운 무학 대사의 비석이 있다고 알려져 있었어요. 추사는 명필로도 유명했지만, 오래된 비석을 찾아내 글자를 판독하고 비석의 성격을 밝혀내는 일에도 뛰어났어요. 당연히 북한산에 있는 비석의 글자체를 직접 확인하고 싶어 했지요.

설레는 마음을 애써 억누르며 친구인 김경연과 함께 북한산에 올랐습니다. 그런데 비석은 이미 오랜 세월 갖은 비바람을 온몸으로 견뎌 온 탓에 상할 대로 상해 있었어요. 머릿돌은 없어졌고, 몸체에 있던 글자는 거의 다 닳아 없어져 알아보기 어려운 상태였지요.

겨우 알아볼 수 있을 정도로 희미해진 글자를 한 자 한 자 손 끝으로 짚어 가던 추사는 놀라움을 금치 못했어요. 무학 대사비

추사체
추사체는 이전의 서체와 구별되는 개성이 강한 서체였어요. 굵기의 차이가 심한 필획과 각이 지고 비틀어진 듯하면서도 파격적인 조형미를 보여 주는 것이 특징이지요.

로만 알았던 비석에 '진흥 대왕(眞興大王)'이라는 네 글자가 새겨져 있던 거예요. 놀란 가슴을 진정시키고 차분히 해독해 보니, 신라 진흥왕이 한강 유역을 살펴보고 세운 비석이라는 내용이었어요.

추사 김정희는 왕의 순수비라는 내용을 비석 옆면에 새겨 놓았습니다. '이 신라 진흥왕 순수비는 병자년 7월에 김정희와 김경연이 와서 읽고, 경축년 6월 8일에 김정희와 조인영이 함께 와서 자세히 감정해 본 결과 남아 있는 글자는 예순여덟 자이다'라고 말이에요.

 스물여섯 발의 총탄을 맞은 진흥왕 순수비

　나라의 영토를 드넓게 개척하고 전성기를 이룬 왕을 영웅 군주라고 합니다. 고구려의 광개토 대왕, 백제의 근초고왕, 신라의 진흥왕이 영웅 군주였지요. 신라의 영웅 군주인 진흥왕은 어려서부터 불교에 깊이 빠져 불법을 사방에 전파했고, 나라를 강력하게 다스리는 한편, 영토를 크게 넓히기도 했어요. 신라가 삼국을 통일한 것은 문무왕 때 일이지만, 그 기반을 단단하게 다진 것은 진흥왕 때라고 할 수 있답니다.

　진흥왕은 새롭게 얻은 영토를 둘러보고 나서 그것을 기념하고자 비석을 세웠어요. 지금까지 모두 네 개의 비석이 발견됐지요. 그 가운데 가장 먼저 세운 비석은 561년 경상남도 창녕군 화왕산 자락에 세운 창녕비입니다. 두 번째는 여기서 살펴보는 북산한비이고, 세 번째는 함경남도 함흥 황초령비, 네 번째는 함경남도 이원군 마운령비이지요.

　북한산비가 세워진 한강 유역은 오래전부터 교통의 요지이자, 군사적으로도 아주 중요한 곳이었어요. 그래서 한강 유역을 서로 차지하려고 백제, 고구려, 신라가 치열한 싸움을 거듭했지요. 원래 한강 유역을 차지하고 있던 나라는 백제였는데, 개로왕이 다스리고 있었어요. 그런데 475년 고구려 장수왕의 기습 공격으로 빼앗기고 말았어요. 개로왕은 규모가 어마어마한 토목 공사를 벌여 국가 재정과 국력을 낭비해 왔고, 고구려의 공격에도 제대로 대비하지 못하고 있었지요. 고구려가 백제의 도성을 공격하자, 개로왕은 성문을 열고 도망치다가 고구려군에게 잡혀 죽음을 당하고 말았습니다.

　이 무렵부터 한강 유역은 고구려가 차지하게 되었어요. 중요한 무역의 근거지이자, 군사 방어에 최고의 조건을 갖춘 한강 유역을 잃어버린 백제는 타격이 컸지요. 한강 유역을 다시 찾기

만을 고대하던 백제는 때를 기다렸고, 성왕 대에 이르러 새로운 돌파구를 찾아냈습니다. 바로 신라와 연합군을 구성하는 것이었지요.

　백제의 성왕과 신라의 진흥왕, 당대 최고의 두 인물이 힘을 합쳐 551년 고구려를 기습해 전쟁에서 승리합니다. 그러나 두 나라 사이의 평화가 그리 오래가지는 못했어요. 2년 뒤 신라가 먼저 배신한 거예요. 국제 관계는 예나 지금이나 냉혹한 것이랍니다. 조금이라도 자기 나라에 이익이 된다면 신의를 저버리는 것은 흔한 일이지요. 신라군은 동맹군인 백제군을 새벽에 몰래 공격해서 모두 살해하고 말았어요.

　백제의 성왕은 신라에 선전 포고를 하고 전쟁을 벌였지만, 다음 해 충청북도 옥천의 관산성 전투에서 포로로 잡혀 목숨을 잃었습니다. 그리고 몇 년 뒤 신라의 진흥왕은 한강이 한눈에 내려다보이는 북한산 비봉 꼭대기에 비석을 세웠어요. 한강 유역이 진흥왕의 덕이 미치는 신라의 영토임을 온 세상에 알리고, 그 내용을 돌에 새겨 영원히 보전하려고 한 것이지요.

　신라가 멸망하고 나서 누구에게도 관심을 끌지 못하던 북한산비는 추사 김정희의 안목으로 이 세상에 다시 알려지고, 삼국 시대의 역사를 밝히는 데 귀중한 자료가 된 것입니다. 그 뒤 북한산비는 한국 전쟁을 겪으면서 스물여섯 군데나 총탄을 맞기도 하는 등 심하게 훼손됐어요. 1972년 8월 25일, 경복궁으로 자리를 옮겼다가 지금은 국립중앙박물관 고고관 신라실에 전시되어 있답니다.

함께 보면 좋은 유물

영일 냉수리 신라비 국보 264호, 복제, 높이 67센티미터

경상북도 경주에서 포항으로 향하는 길목에 냉수리라는 마을이 있어요. 1989년 4월, 마을의 한 주민이 밭을 갈다가 우연히 커다란 돌을 발견했어요. 그 돌은 신라 지증왕 4년인 503년에 만들어진 거예요. 절거리라는 사람의 재산을 국왕의 명령으로 인정해 주는 내용이 새겨져 있어요. 1500여 년 전 신라 사회에는 재산 분쟁이 많았는데, 그것을 국가가 어떻게 해결해 줬는지 구체적으로 기록되어 있습니다.

울진 봉평 신라비 국보 242호, 복제, 높이 204센티미터

이 비석은 1988년에 마을 주민이 밭을 갈다가 발견한 거예요. 동해안에 있는 울진 지역은 오래전부터 신라의 영토였지만, 왕권이 미치지 않는 곳이 많았어요. 그러다 법흥왕 때 율령이 반포되고 이 지역에 대한 지배를 강화하자 주민들은 강력히 맞섰지요. 울진 봉평 신라비에는 이를 진압한 다음 주민들을 벌주는 내용이 새겨져 있습니다. 신라의 율령이 어떻게 시행됐는지 구체적으로 보여 주고 있어 귀중한 비석으로 평가됩니다.

태자사 낭공 대사 비석 높이 218센티미터

이 비석은 신라 최고의 명필 김생의 글씨로 만들어졌다는 점 때문에 서예를 전공하는 사람들의 관심을 많이 받아 왔어요. 낭공 대사는 통일 신라 시대의 국사(국가를 대표하는 스님)였지요. 이 비석은 그를 기리기 위해 고려 광종 5년에 경상북도 봉화의 태자사라는 절에 세워졌어요. 그 뒤 영주로 옮겨졌고, 조선 시대에 이르기까지 수많은 사람이 탁본해 갔답니다. 특히 조선 명종 때에는 중국 사람이 영주에 머물면서 수천 본을 탁본해 갔다고 해요.

삼국 후기·통일 신라

삼국 시대 후기가 되면서 삼국 사이의 문화적인 공통성이 현저히 높아졌어요. 치열하게 전개된 삼국 통일 전쟁이 끝난 뒤 북방에서는 발해가, 남방에서는 신라가 발전하면서 화려하면서도 세련된 문화를 꽃피웠지요. 특히 석굴암과 불국사, 황룡사지, 안압지에서 출토된 유물을 살펴보면 통일 신라의 문화 수준이 매우 높은 경지에 도달해 있었음을 잘 알 수 있습니다.

반가 사유상 | 감은사지 동탑 사리갖춤 | 안압지 금동 가위

반가 사유상

조각·공예관 불교조각실, 국보 83호, 높이 90.9센티미터

부처님이 가만히 앉아 미소 지으시네

프랑스에 로댕의 '생각하는 사람'이 있다면, 우리나라에는 반가 사유상이 있습니다. 로댕의 작품보다 1200년 이상 오래된 것이지요. 로댕의 작품에서 인간의 고뇌가 읽힌다면, 반가 사유상에서는 명상을 통해 깨달음을 구하는 평화로움이 느껴집니다.

반가 사유상에서 '반가'란 '반가부좌'의 줄임말이에요. 한쪽 다리를 들어 다른 쪽 다리의 무릎 위에 올려놓은 채 앉아 있는 자세를 말해요. '사유'란 생각한다는 뜻이고요. '상'은 부처님 조각을 말합니다. 결국 반가 사유상이란 '반가부좌 자세로 앉아 생각에 잠긴 부처님'이란 의미가 되겠지요.

 이차돈의 피는 정말 우윳빛이었을까?

여러분도 잘 알겠지만 불교는 기원전 5세기 무렵 인도에서 석가모니에 의해 생겨난 종교입니다. 그러나 인도에서는 힌두교가 주요한 종교이고, 오히려 불교는 동남아시아 여러 나라로 전해져 많은 사람이 믿어 왔고 또 믿고 있어요. 불교는 신앙을 넘어서 철학과 문화에도 많은 영향을 미쳤지요.

석가모니가 열반에 드시고 법구(法軀, 시신)를 화장하자 각지의 신도들이 앞을 다투어 유골을 모셔 가 탑을 만들었어요. 요즘도 절에 가면 반드시 탑이 있잖아요. 탑이란 곧 부처님의 무덤이에요. 우리나라 삼국 시대에 불교가 전해질 때에도 탑은 아주 중요하게 모셔졌답니다.

탑과 더불어 부처님을 상징하는 것으로 불상이 있지요. 석가모니가 돌아가시고 나서 몇 백 년이 지나자 인도에서는 부처님의 말씀을 믿지 않는 사람들이 생겨났다고 해요. 그래서 부처님의 일생을 조각으로 만들게 됐고, 그것이 주변 나라로 전해지면서 다양한 형식의 조각으로 변했지요.

불상은 시대와 지역에 따라 머리 모양이나 옷 입는 방식, 신체 굴곡 등 형태에 차이가 있어요. 불상의 얼굴도 시대나 지역에 따라 매우 다양합니다. 부처님의 얼굴은 완벽해야 하는데, 완벽한 아름다움의 판단 기준은 때에 따라 달라 여러 가지일 수밖에 없지요. 만약 여러분이 부처님의 얼굴을 조각한다면 어떤 얼굴을 모델로 삼고 싶은가요?

이렇게 불탑, 불상을 모시는 사찰 문화는 인도보다는 중국이나 우리나라에서 더욱 꽃을 피웠습니다. 하지만 처음부터 쉬웠던 건 아니에요. 조선 후기에 기독교가 우리나라에 처음 들어왔을 때 수많은 박해를 받은 것처럼 말이지요. 그럼, 신라에는 어떻게 불교가 들어오게 되었을까요?

527년은 신라 법흥왕이 왕위에 오른 지 14년째 되는 해였어요. 벌써 수십 년째 고구려에서 승려가 들어와 불법을 퍼트리고 있었고, 불교를 믿는 사람도 점점 늘고 있었어요. 법흥왕도 불교에 깊이 심취해 있었지만, 수많은 귀족이 나라에서 불교를 인정하는 것에 반대하고 있었지요. 당시에는 왕권이 강력하지 않아 귀족들을 어찌하지 못하는 상황이었답니다.

이때 20대의 젊은 신하 이차돈이 법흥왕 앞에 나타나 이렇게 말했어요.

"나라를 위해 자신의 몸을 죽이는 것은 신하의 큰 절개요, 임금을 위해 목숨을 바치는 것은 백성의 바른 뜻입니다."

자신의 목숨을 던져 불교를 지키겠다고 간청한 것이지요. 처음에 반대하던 법흥왕도 거듭되는 간곡한 간청에 이차돈의 생각을 받아들였어요. 먼저 천경림이라는 곳에 절을 짓고, 이차돈이 왕의 명령을 잘못 받들고 있다는 소문을 냈어요. 신하들은 당장 이차돈의 목을 베어야 한다고 왕에게 고했지요.

결국 형장에 서게 된 이차돈은 "부처님이 신령하다면 내가 죽은 뒤에 반드시 기이한 일이 일어날 것입니다"라고 예언했어요. 그런데 이차돈의 목을 베니 정말로 기이한 일이 일어났어

이차돈의 순교, 그 뒤……
이차돈의 순교로 527년 마침내 불교가 신라의 국교로 인정됐어요. 또 신라 최초의 사찰인 흥륜사가 544년에 완공되기도 했지요.

요. 갑자기 천지 사방이 어두워지고 심하게 진동하더니 비가 내렸어요. 이차돈의 머리는 멀리 소금강산 꼭대기에 떨어졌고, 목에서는 우윳빛 피가 하늘 높이 솟구쳤어요. 또 경주의 우물이 모두 말라 물고기와 자라가 뛰쳐나왔고, 원숭이가 떼를 지어 울었답니다. 이 이야기는 《삼국유사》를 비롯한 옛 기록에 자세히 쓰여 있지요.

이런 일이 있고 난 뒤 신라에서 불교는 왕족이나 귀족뿐만 아니라 백성 모두의 마음속에 자리 잡게 되었어요. 더불어 당대 최고의 장인들이 생명력 가득한 불교 조각품을 만들어 냈지요. 석굴암의 본존불이나 국보 83호 반가 사유상이 바로 그런 것들이랍니다.

 부처님은 무슨 생각에 잠겼을까?

반가 사유상은 머리에 관을 쓰고 있는데, 산처럼 솟은 장식이 세 개 있다고 해서 '삼산관'이라고 해요. 관과 얼굴 크기가 비슷해서 무거워 보이지 않고, 마치 막 피어나는 꽃을 머리에 살짝 얹은 느낌이 들어요. 머리카락은 이마 가운데에서 두 쪽으로 갈라 빗어 넘겼어요. 갸름한 얼굴에 오뚝한 콧날만 보면 인상이 다소 날카로울 듯하지만, 살짝 감은 두 눈과 꼭 다문 입에서 은은한 미소가 흐르면서 포근함이 느껴지는 것 같아요.

귀는 부처님 귀답게 위아래로 길쭉합니다. 이 불상의 전체적인 이미지는 여성적인 느낌이에요. 원래 반가 사유상은 석가모니가 태자 시절 깊은 생각에 잠긴 모습을 나타낸 것인데, 우리나라로 전해지면서 여성적인 분위기를 가진 얼굴로 바뀌었답니다. 머리 뒤쪽에 삐죽 튀어나온 것은 광배가 부착되어 있던 흔적이에요. 광배는 성인의 성스러움을 드러내고자 머리나 등 뒤에 환한 빛을 표현한 거예요. 부처님은 진리를 깨우쳤기 때문에 머리 뒤쪽에서 빛이 발산된다고 생각한 것이지요.

이 불상은 아주 늘씬한 몸을 가지고 있어요. 몸의 굴곡이 다 드러나는 얇은 상의와 주름치마를 입었고, 허리 양쪽에는 끈을 둘러 둥근 장식을 늘어뜨렸어요. 오른손을 살짝 들어 볼에 대고 깊이 생각하는 자세를 취하고 있는데, 손가락 두 개는 세우고 나머지는 구부려서 변화를 주었습니다.

부처님이 앉아 있는 의자 아래쪽은 연꽃을 뒤집어 놓은 모양이고, 그 위에 방석처럼 둥근 장식이 있어요. 의자와 어깨 너비는 비슷하고 허리는 잘록하게 들어간 것이 서로 안정적으로 잘 어울립니다. 아래로 곧장 뻗은 왼발이 다소 딱딱한 느낌이 들기도 하는데, 옷의 주름을 좌우 대칭으로 잘 조각해서 이런 분위기를 없애 주고 있어요. 왼발을 디딘 것은 길쭉한 모양의 연꽃 받침이군요. 연꽃을 맨발로 밟고 계신 부처님의 발톱까지 정말 자세하게 표현했어요.

연꽃은 불교를 상징하는 꽃입니다. 고대 사회에 살던 많은 사람은 자신의 생명이 다한 다음 저세상에서 새로운 삶을 얻으리라 소망했는데, 특히 연꽃으로 태어나고 싶어 했어요. 그래서 부처님도 부활, 재생을 의미하는 연꽃을 딛고 있는 것이지요.

반가 사유상을 볼 때 더 좋은 감상법을 하나 알려 줄까요? 먼저 멀리 떨어져 전체 모습을 보면서 알맞은 비례에서 느껴지는 아름다움을 감상해 보세요. 그런 다음 가까이 다가가 각 부분을 자세히 살펴보세요. 이 불상을 보고 느낌 점은 사람마다 모두 다를 수 있어요. 어떤 것을 느껴도 좋아요. 정답은 없답니다. 중요한 것은 자신만의 느낌을 가져 보고, 그것을 표현해 보는 것입니다.

반가 사유상 국보 78호, 높이 82.9센티미터

앞에서 살펴본 국보 83호 반가 사유상보다 관이나 옷이 화려해 보이는 불상이지요? 어디에서 출토됐는지는 알려지지 않았어요. 머리에 쓰고 있는 관에는 해와 달이 있고, 상의는 마치 갑옷처럼 어깨를 강조하고 있지요. 얼굴보다 몸이 조금 작아 보이기도 합니다. 청동을 녹여 틀에 부어 만드는 방법을 썼는데도 정교하고 아름다운 미소를 갖고 있어요. 삼국 시대 금속 공예 기술이 매우 발달했다는 증거랍니다.

연가칠년명 불상 국보 119호, 높이 16.2센티미터

이 불상은 고구려의 후기 수도인 평양에 있는 동사라는 절에서 신도 마흔 명이 힘을 합쳐 만든 천불 중 스물아홉 번째 부처님을 나타냅니다. 그것은 불상의 광배에 새겨진 글을 보면 알 수 있지요. 불상의 이름에 '연가칠년'이란 말이 들어 있는데, 연가는 고구려의 연호예요. 연가칠년은 539년일 가능성이 크지요. 이 불상이 출토된 곳은 당시 가야 혹은 신라의 영토이던 경상남도 의령입니다. 아마도 고구려에서 가야나 신라로 불교를 알리는 과정에서 전해진 것 같아요.

감산사 석불 왼쪽 국보 81호, 높이 270센티미터, 오른쪽 국보 82호, 높이 275센티미터

신라 성덕왕 18년(719년)에 김지성이라는 사람이 돌아가신 부모님의 명복을 빌고 국왕과 왕실의 안녕을 기원하면서 돌로 만든 불상입니다. 경주 감산사 터에서 옮겨 온 것이지요. 두 점 다 불상 높이가 250센티미터가 넘고, 단단한 화강암을 정으로 일일이 쪼아 부드러운 굴곡을 완성했어요. 국보 81호는 다음 세상의 부처님인 미륵보살상이고, 국보 82호는 서방 정토 극락세계에 계신다는 아미타여래상입니다.

감은사지 동탑 사리갖춤
조각·공예관 금속공예실, 보물 1359호, 높이 18.8센티미터

천년 신라의 숨결을 품은
금속 공예품

국립중앙박물관 3층에는 미술관Ⅱ가 있습니다. 통일 신라 시대부터 조선 시대에 이르기까지 각 시대를 대표하는 미술품이 전시되어 있는데, 그곳에 금속공예실, 도자공예실, 불교조각실 등이 있습니다. 금속공예실에는 단단한 금속을 녹이고 두드려 만든 멋진 예술 작품이 모두 모여 있어요. 그 가운데 경주 감은사지 동쪽 석탑에서 출토된 사리갖춤이 있습니다. 이 작은 사리갖춤을 겹겹이 싸고 있는 많은 이야기가 있답니다. 통일 신라 시대의 뛰어난 금속 공예 기술, 삼국 통일을 이룬 문무왕의 호국 정신, 그리고 그의 아들인 신문왕의 지극한 효심에 대한 이야기까지 하나씩 풀어 가 볼까요?

죽어서도 용이 되어 외적을 물리치겠노라

신라는 1000년의 세월 동안 오로지 경주에만 도읍을 두었어요. 그 때문에 경주 시내 곳곳에서 옛 도읍의 분위기가 물씬 풍깁니다. 경주 시가지를 뒤로하고 동쪽으로 토함산을 넘으면 푸른 파도 넘실거리는 바닷가에 다다르지요. 이곳은 감포라 불리는데, 삼국 통일의 주역 문무왕의 뼛가루를 뿌린 곳으로 알려진 대왕암이 있습니다. 또 문무왕의 아들 신문왕이 돌아가신 아버지를 위해 만든 감은사의 터가 고즈넉한 분위기로 남아 있기도 합니다.

문무왕은 태종 무열왕의 장남으로 태어나 수많은 전장을 누볐고 마침내 삼국 통일을 이루었어요. 681년 문무왕은 파란만장하던 자신의 생이 다함을 느끼고 대사를 불러 유언을 했어요.

"내가 세상을 뜨면 장례식은 간소히 하고, 화장해서 뼛가루를 동해 바닷가에 뿌려 주세요. 죽어서도 용이 되어 바다로 침입하는 외적을 물리치려 합니다."

목숨이 다하는 순간까지 나라를 먼저 생각한 것이지요. 문무왕의 유해를 화장한 곳은 궁궐에서 가까운 경주 남산의 능지탑으로 추정됩니다. 그리고 뼛가루를 뿌린 곳은 대왕암으로 불리는 동해에 있는 바위이지요.

삼국을 통일한 문무왕은 새 나라의 위엄을 세우고, 당시 틈만 나면 동해로 쳐들어오던 왜구를 부처님의 힘으로 막고자 감은사라는 절을 지었어요. 하지만 절이 완성되는 것을 보지 못하고

눈을 감았지요. 아버지의 뜻을 이어받아 절을 완성한 사람은 신문왕이었어요. 신문왕은 문무왕이 돌아가신 다음 해인 682년에 절의 가장 중요한 건물인 금당을 지어 감은사를 완공했어요. 금당 밑에는 용이 된 문무왕이 드나들 수 있도록 '용의 길'이라는 수로를 만들어 놓기도 했답니다.

감은사지 금당 앞에 세워져 있는 국보 11호 3층 석탑은 다른 석탑에 비해 규모가 커서 투박해 보이지만, 차근차근 살펴보면 그리도 정겨울 수가 없답니다. 여러 조각의 크고 작은 돌을 다듬어 단단하게 쌓아 올린 석공의 솜씨가 놀라울 따름이지요. 쌍둥이처럼 동쪽과 서쪽에 마주 선 두 탑이 1000년이 넘는 세월 동안 변함없이 그 자리를 지켰어요. 뿐만 아니라 탑 속의 사리갖춤 또한 도굴 피해를 당하지 않고 온전히 남아 있었답니다.

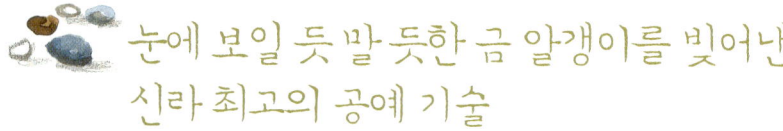 눈에 보일 듯 말 듯한 금 알갱이를 빚어낸 신라 최고의 공예 기술

부처님의 사리

부처님이나 스님의 시신을 화장한 뒤 나온 뼈의 결정체들을 사리라고 해요. 깨달음의 결정체라고 하지요. 부처님이 열반하신 뒤 무려 여덟 가마 네 말의 사리가 수습됐대요. 수습된 사리는 인도 불교 최고 전성기인 아소카 왕 때 전국에 탑을 세우고 그 안에 모셔졌어요. 그리고 이후에는 주변 불교 국가를 비롯한 전 세계에 퍼지게 됐지요.

1996년 4월 25일, 국립 문화재 연구소 연구원들은 경주 감은사지 동3층 석탑을 수리하려고 탑을 해체하고 있었어요. 크레인을 동원해서 육중한 탑의 몸체를 하나 둘 들어내던 중 깜짝 놀랄 만한 일이 벌어졌어요. 통일 신라 최고 수준의 금속 공예품이 무더기로 나온 거예요. 탑의 3층 탑신(탑의 몸체) 중앙에 네모난 구멍이 뚫려 있고, 그 속에 사리를 모신 사리갖춤이 온

전한 모습으로 발굴된 것입니다.

　탑은 인도에서 처음 만들어지기 시작한 것으로 부처님의 무덤입니다. 탑 속에 모셔 둔 사리는 부처님의 유골인 셈이지요. 불교가 인도뿐만 아니라 중국과 주변 나라로 퍼져 나가면서 여기저기에서 탑이 만들어졌고, 그 속에 인도에서 가져온 부처님의 사리를 모셨어요.

부처님의 사리를 담은 사리병

　그럼 아시아 곳곳에 있는 모든 탑 속에 부처님의 사리가 들어 있을까요? 물론 아니에요. 부처님의 사리는 한정되어 있기 때문에 수정 같은 것으로 만든 인공 사리, 불교의 경전, 조그맣게 만든 탑 등을 대신 넣기도 했어요. 그리고 사리나 사리 대용품을 모시려고 정교하고 화려하게 만든 상자가 바로 사리갖춤입니다. 사리갖춤은 금이나 은, 유리 등 최고급 재료를 사용해서 만들었어요.

사리병을 담고 있는 내함

　감은사지 경내 동쪽에 있는 3층 석탑의 사리갖춤은 이중으로 된 구조입니다. 궁궐의 전각처럼 만들어 사리를 직접 모신 내함과, 내함을 감싼 네모난 상자인 외함으로 이루어져 있지요. 외함의 겉에는 갑옷을 입고 두 눈을 부릅뜬 사천왕상이 조각되어 있어요. 사천왕은 동서남북의 네 방향을 지키는 수호자라는 뜻이에요. 각기 표정과 복장이 조금씩 다르지만 모두 악귀를 밟고 있어요. 사천왕 주변에는 구름무늬를 조각해 천상의 세계를 표현했고, 손잡이를 고정한 부분에는 무시무시한 귀신 얼굴을 조각했습니다.

내함을 감싼 외함

　사리가 모셔진 내함은 더욱 화려합니다. 난간으로 둘러싸인

사리갖춤이 궁금해!

사리갖춤이란 사리를 모시고자 만든 용기(그릇)와 장식물 전체를 가리키는 말이에요. 사리는 유리나 수정으로 만든 병에 넣은 다음 금, 은, 청동, 돌 등으로 만든 몇 겹의 함(상자)에 넣어요. 우리나라에서 발굴된 가장 오래된 사리갖춤은 백제 왕흥사 터 출토품이에요. 청동으로 만든 함 속에 은으로 만든 항아리가, 다시 그 속에 금으로 만든 병이 들어 있답니다.

사리갖춤을 모시는 위치는 나라마다 다양합니다. 중국에서는 탑 아래에 지궁(돌이나 벽돌로 만든 무덤 같은 방을 만들어 모시는 점이 특색이고요. 우리나라는 나무로 만든 탑의 경우 중심 기둥을 받쳐 주는 주춧돌에 홈을 파고 모셨어요. 이런 양식은 일본에까지 전해졌답니다. 돌로 만든 탑의 경우에는 기초부, 탑의 몸체(탑신), 지붕 등 여러 곳에 다양한 모습으로 사리갖춤을 모셨어요. 감은사 사리갖춤에서는 동탑은 1층 탑신에, 서탑은 3층에 홈을 파고 모셨답니다.

안쪽에는 연꽃 받침이 있고, 그 위에 단단한 수정을 깎아 만든 사리병이 있는데, 그 속에 사리가 들어 있어요. 곳곳에 사자, 사천왕, 보살, 스님의 모습과 더불어 연꽃, 용, 불꽃, 하늘을 나는 선녀 등이 빈틈없이 장식되어 있습니다. 맨 아래쪽 네 모서리에는 귀꽃이라고 하는 꽃 장식이 있어요. 조금 위쪽에는 사자 네 마리가 각 모서리에 끼워져 있고요. 사자들의 표정과 자세가 제각각이라 무섭기도 하고 익살스럽기도 합니다.

사리병 뚜껑에는 금 알갱이를 붙여 연꽃무늬를 표현했어요. 금 알갱이의 크기를 재어 보니 0.2~0.3밀리미터로 너무나도 작았어요. 지붕에 매달린 풍탁(바람에 흔들리면 소리가 나는 처마 끝에 다는 작은 종)은 크기가 3.4~4.2밀리미터에 불과한데, 그 위에 알갱이를 서너 개나 붙였어요.

감은사지 동3층 석탑 사리갖춤은 전체 구도도 뛰어나지만, 섬세한 아름다움이 돋보이는 최고 수준의 공예 기술을 보여 주는 것으로 평가됩니다. 금속을 다루어 조각품을 만들 때 에밀레종처럼 크게 만드는 것도 힘들지만, 눈에 보일 듯 말 듯 작게 만드는 것도 탁월한 기술이 필요해요. 이 작품은 금관이나 금 귀걸이를 만들던 신라 장인들의 솜씨를 그대로 계승한 것이랍니다. 통일 신라 시대에 불교가 크게 유행하면서 종교적인 열정에 장인들의 솜씨가 더해져 최고 수준의 위대한 공예품을 탄생시킨 것이지요.

전 황복사 터 3층 석탑 사리갖춤

1943년, 경주 남산 동쪽에 있는 전 황복사 터의 3층 석탑을 해체해서 수리하고 있었어요. 그 과정에서 청동, 은, 금으로 겹쳐진 사리 용기와 함께 금으로 만든 불상(국보 79호, 80호) 등 많은 유물이 발견됐어요. 특히 사리 외함에 음각으로 글자가 새겨져 있어 누가, 언제, 어떤 과정을 거쳐 사리를 모셨는지 알 수 있었지요. 새겨진 글에 따르면 691년 신문왕이 돌아가시자 아들인 효소왕이 아버지의 명복을 빌고자 692년에 3층 석탑을 세웠다고 해요. 그 뒤 효소왕이 돌아가시자 아들 성덕왕이 706년에 두 왕을 위해 사리와 불상을 넣었다고 합니다.

시공사 쇠북 지름 32.8센티미터

시공사라는 절에서 사용하던 청동제 쇠북입니다. 절에서 사람들을 모이도록 할 때 쇠북을 쳤지요. 측면에 새겨진 명문으로 보아 함통 6년, 즉 신라 경문왕 5년인 865년에 만들었음을 알 수 있어요. 표면에는 동심원이 있고, 측면에 고리 세 개가 달려 있지요. 징처럼 안쪽은 비어 있고요. 우리나라의 쇠북 가운데 제작 연대를 알 수 있는 가장 오래된 자료입니다. 아마도 이런 쇠북이 고려 시대 쇠북의 모델이 되었을 거예요.

물가 풍경 무늬 정병 국보 92호, 높이 37.5센티미터

정병은 깨끗한 물을 담아 두는 병을 말합니다. 고려 시대에 만들어진 이 정병은 우리나라에서 가장 아름다운 정병이라서 국보로 지정되어 있어요. 그릇 전면에 푸른색 녹이 슬어 있으며, 몸체 표면에 홈을 내고 금실을 끼워 넣어 한 폭의 물가 풍경 무늬를 표현했습니다. 연못에는 물고기가 노닐고, 언덕에는 가지를 한껏 늘어뜨린 버드나무가 있으며, 그 주변에는 여러 마리의 새가 떼 지어 날아다닙니다. 고려 시대에는 불교가 국교였던 만큼 이러한 청동 정병 외에 청자로 만든 정병도 많이 만들어졌어요.

삼국 후기·통일 신라

안압지 금동 가위
선사·고대관 통일신라실, 길이 25.5센티미터

통일 신라 사람의
멋과 풍류

서울 경복궁 후원에는 경회루가 있습니다. 경회루는 인공으로 연못을 파서 왕이나 왕비 등 궁궐에 살던 사람들이 휴식 공간으로 쓰기도 하고, 외국에서 중요한 손님이 오면 연회를 베풀기도 하던 곳이지요. 이런 연못은 조선 시대뿐만 아니라 삼국 시대나 통일 신라 시대에도 만들어졌어요. 그 가운데 가장 유명한 연못이 경주에 있는 안압지입니다.

안압지는 신라가 삼국을 통일하고 왕궁을 넓히면서 만든 인공 연못이에요. 《삼국사기》에는 674년(문무왕 14년)에 '궁 안에 연못을 파고 산을 만들어 화초를 심었으며 진귀한 새와 짐승을 길렀다'는 기록이 있어요. 바로 이 연못이 지금의 안압지입니다. 통일 신라 시대 때는 '월지(月池)'라고 했어요. 월지가 있는 궁궐은 월성(月城)이라 불렀고, 월성의 남쪽에 만든 다리는 월정교(月精橋)라 이름 붙였어요. 신라 사람들은 유독 달을 좋아했나 봅니다.

풍덩! 신라가 통째로 빠진 안압지

월지라는 이름이 왜 안압지로 변했을까요? 1000년의 왕국 신라가 멸망한 다음 연못 속에 만들어진 조그마한 인공 섬이나 주변 건물이 모두 무너져 없어지자, 연못은 부평초나 연꽃이 무성한 모습으로 변했던 것 같아요. 안압지란 '기러기와 오리가 노니는 연못'이란 뜻입니다.

이 황량한 연못이 다시 빛을 보게 된 것은 1974년이에요. 당시 나라에서는 경주를 개발하는 사업을 크게 벌였고, 안압지를 깨끗하게 정리하기로 했지요. 그런데 예기치 않게 안압지 정리 공사 중 진흙더미에서 수많은 보물이 발견됐어요! 공사는 즉시 중단됐고 다음 해 3월부터 본격적인 발굴 조사가 시작됐습니다. 보물은 정말이지 끊임없이 쏟아져 나왔답니다. 얼마나 많이

나왔는지 발굴이 끝나고 몇 년이 지나서야 유물이 몇 점이나 나왔는지 알 정도였어요. 한 가지 아쉬운 점은 유물의 가치를 제대로 판단하지 못한 채 공사를 진행하는 바람에 중요한 정보를 많이 잃어버렸다는 거예요.

안압지에서는 3만 3000여 점에 달하는 유물이 원래 모습 그대로 출토됐어요. 출토된 유물 중에는 실수로 연못에 빠트리고 안타까워했을 보물도 있고, 물속 신에게 소원을 빌면서 넣었을 물건도 있습니다. 또한 궁궐이 무너지면서 연못 속으로 휩쓸려 들어간 보물도 있을 거예요. 이렇게 많은 유물이 그대로 남아 있을 수 있던 것은 촉촉한 진흙 덕분이었지요. 1300여 년의 세월 동안 안압지의 진흙은 타임캡슐처럼 유물들을 고스란히 품고 있었던 거예요.

여기서 안압지 유물과 관련한 안타까운 얘기를 안 할 수가 없군요. 발굴 초기부터 많은 사람의 관심을 끌던 주사위가 있었어요. 참나무를 깎아 만든 14면체 주사위였지요. 사각형이 6면, 육각형이 8면이고, 높이는 4.8센티미터 정도여서 한 손에 꼭 쥐고 놀이를 할 수 있는 크기였어요. 이 주사위에 더욱 관심이 간 것은 각 면에 새겨진 사자성어 때문이었습니다.

신라 귀족의 풍류를 전하는 주사위(복제품)

사자성어 중 재미난 것으로는 '소리 없이 춤추기[禁聲作舞]', '술 다 마시고 크게 웃기[飮盡大笑]', '술 석 잔 한 번에 마시기[三盞一去]', '누구에게나 마음대로 노래 청하기[任意請歌]' 등이 있어요. 연못가에 둘러앉아 술기운에 붉어진 얼굴로 박장대소하며 술잔을 돌리거나 춤과 노래를 즐기던 신라 귀족들의 풍류가 1200년의 세월을 뛰어넘어 생생히 전해지는 것 같아요.

그런데 이 중요한 유물을 보존 처리하면서 사고가 생겼습니다. 당시 보존 처리 전문가가 이 주사위를 건조용 기계 속에 넣고 퇴근했는데, 아침에 출근해 보니 기계의 과열로 주사위가 한 줌 재가 돼 버린 거예요! 돌이킬 수 없는 일이지만, 다시 생각해도 마음 아픈 일이었지요. 지금 박물관에 전시된 주사위는 발굴 당시 찍어 둔 사진과 도면을 바탕으로 다시 만든 복제품이랍니다.

초의 심지를 자르는 멋스러운 실용품 가위

안압지에서 수많은 유물이 쏟아져 나왔지만, 제가 꼽는 최고의 예술품은 금동 가위입니다. 어두운 밤 태자가 살

던 동궁을 밝혔을 초의 심지를 자르던 금동 가위에 신라인의 뛰어난 예술적 감각이 듬뿍 스며 있기 때문입니다.

　길이가 25.5센티미터인 이 가위는 섬세하고 특이한 모양이에요. 가윗날에 비해 손잡이가 길쭉한 편이지요. 손잡이는 양쪽으로 조금 벌어졌는데, 마치 봉황 두 마리가 머리를 서로 엇갈린 듯한 모양이에요. 지금 우리가 흔히 쓰는 가위와는 많이 다르게 생겼어요. 손가락을 끼울 수 있는 둥근 고리도 없고요.

　손잡이를 보니 실용품이라기보다는 오히려 미술 작품처럼 느껴지기도 해요. 손잡이 안쪽에 정교하게 조각해 놓은 무늬가 놀라울 따름입니다. 손잡이 전체에는 인동당초무늬를 빼곡히 조각했어요. 잔뜩 웅크리고 있지만 희망을 품고 있는 인동초와 힘차게 뻗어 나가는 당초 줄기를 멋지고 조화롭게 표현했네요. 평면에 조각된 무늬지만 살아서 꿈

틀대는 듯 힘이 넘쳐흐릅니다.

무늬 주변은 둥근 끌로 촘촘히 찍어 무늬가 도드라져 보이도록 만들었어요. 끌로 찍어 낸 모양이 마치 물고기 알과 같다고 해서 '어자문'이라고 부른답니다. 가윗날 윗면에는 반달 모양의 금동판을 덧붙였어요. 초 심지를 자를 때 심지가 밖으로 떨어지지 않게 하려고 생각해 낸 것 같아요.

이 가위는 비록 초의 심지를 자르는 가위에 불과하지만, 뛰어난 실용성과 멋있는 디자인, 세련된 금속 공예 기법이 함께 어우러져 있어 높이 평가받는 예술품이지요. 이 가위가 중요한 또 다른 이유는 8세기 무렵 신라가 바다 건너 일본과 매우 활발하게 교역했음을 증명해 주기 때문입니다.

일본 나라 현 동대사라는 절에는 일본 왕실의 보물 창고인 정창원이 있어요. 거기에는 완벽하게 보존된 고대의 보물이 가득한데, 해마다 몇 점씩 꺼내 공개하고 있답니다. 그 보물들 가운데 어디서 만들어졌는지 분명하지 않은 가위가 한 점 있었어요. 그런데 안압지에서 금동 가위가 출토됨에 따라 신라에서 수입한 물품이라는 것이 밝혀졌지요.

정창원에 있는 가위는 길이가 22.6센티미터로 안압지 가위보다 조금 작아요. 손잡이에 인동당초문이나 어자문이 있지는 않지만, 대칭을 이룬 손잡이는 안압지 가위와 매우 비슷합니다. 처음에는 정창원의 가위에는 심지가 떨어지는 것을 막아 주는 반달 모양 장식이 없다고 알려졌어요. 그런데 최근 소장품을 정리하는 과정에서 떨어진 부분을 되찾았다고 해요.

안압지 가위와 형태가 비슷한 정창원 가위

정창원 보물 가운데에는 신라에서 수입한 다른 물건도 있어요. 1200년 전 신라인의 삶을 생생히 복원시켜 준 '신라 촌락 문서'는 불경의 표지를 수리할 때 발견됐어요. 비록 두 장의 문서 조각이지만, 나라에서 백성들의 생활을 빈틈없이 파악하고 있었다는 점을 알려 준답니다. 그 밖에도 '신라양가상묵'이라는 길쭉하게 생긴 먹이 있어요. 당시 신라나 일본에서 한자 문화가 널리 퍼지면서 먹을 많이 사용했음을 알려 주지요.

신라 촌락 문서(신라 민정 문서)
신라는 삼국을 통일하면서 이전보다 넓은 영토에서 많은 농민을 지배하게 되었어요. 그래서 세금을 효율적으로 걷으려고 신라 촌락 문서를 만들었지요. 이 문서에는 촌락마다 그 지역의 토지 크기와 인구 수, 소와 말의 수, 토산물 등을 파악한 기록이 있습니다.

짐승 얼굴 무늬 기와 높이 28.2센티미터

궁궐 지붕의 네 모서리를 장식했던 기와입니다. 도자기의 몸에 덧씌우는 약을 유약이라고 하는데, 유약을 입혀 구워서 표면이 반들반들해요. 이 기와에 새겨진 무늬를 보세요. 부릅뜬 두 눈이 조금 무서워 보이지요? 보통 도깨비 얼굴, 또는 귀신의 얼굴이라고 해요. 어떤 사람은 용의 얼굴이라고 부르기도 하고요.

용머리 장식 길이 16.4센티미터

용은 오래전부터 왕의 위세를 상징하는 디자인으로 사용됐어요. 신라의 왕실에서도 용무늬를 즐겨 사용했답니다. 사진 속의 용머리 장식은 구리로 만든 용의 머리에 금을 입힌 거예요. 아마도 나무로 만든 생활용품에 붙이던 장식 같아요.

고려·조선

고려 시대 하면 '고려청자' 이미지가 떠오릅니다. 중국 송나라 사람들조차도 당대 최고라고 칭찬하던 예술품이지요. 고려 시대에는 청자뿐만 아니라 매우 세련된 불교 공예품도 많이 만들어졌어요. 조선 시대는 유학을 공부한 사대부들이 정치를 주도했는데, 그들은 깨끗한 느낌의 백자를 좋아했지요. 조선 후기가 되면서 우리 땅에 대한 관심이 높아졌어요. 그 결실이 김정호의 〈대동여지도〉랍니다.

참외 모양 청자병 | 경천사 10층 석탑 | 백자 끈 무늬 병 | 부석사 괘불
단원 김홍도의 《풍속화첩》 | 〈대동여지도〉

참외 모양 청자병

조각·공예관 도자공예·청자실, 국보 94호, 높이 22.7센티미터

아름다운 비색이
천하제일이로구나!

우리나라의 청자는 세계적으로 유명해요. 세계의 유명한 박물관에서 고려청자를 사들이려고 많은 돈을 쓰지요. 그만큼 희귀하고 아름답기 때문입니다. 수천 년 동안 세계 곳곳에서 도자기가 만들어져 왔지만, 청자는 중국과 우리나라만의 특산품이었어요.

비록 중국에서 청자가 처음 만들어졌으나, 고려의 청자는 남다른 경지를 열었어요. 중국인들조차도 '비색의 고려청자가 천하제일'이라는 평가를 했답니다. 여러 청자 중에서도 고려 시대를 대표하는 최고의 청자인 '참외 모양 청자병'을 소개하려 합니다. 이 아름다운 청자는 고려 17대 인종의 무덤에서 출토됐어요.

하늘의 솜씨를 빌려 만든 고려청자

토기는 흙으로 모양을 만든 다음 불에 구워 완성하지만, 자기는 한 단계를 더 거쳐야 합니다. 그릇의 표면에 유약을 입혀서 굽는 것이지요. 어떤 유약을 발라 어느 정도 온도에서 굽느냐에 따라 자기의 색깔이 달라져요. 유약은 소나무나 참나무, 느릅나무의 재를 물에 타고 거기에 강돌에서 얻어 낸 장석 가루를 섞어 만들어요. 흙으로 그릇 모양을 만들어 유약을 묻힌 다음, 뜨거운 가마 속에 넣어 굽습니다. 어여쁜 색을 내려면 가마 온도를 잘 맞춰야 하는데, 숙련된 도공들한테도 온도를 맞추는 것은 굉장히 어려운 일이라고 해요.

청자 가마터를 발굴하다 보면 정작 가마 안에서는 청자가 그다지 많이 출토되지 않고 그 주변에서 엄청나게 많은 청자 조각이 출토된답니다. 청자를 구웠지만 도공의 마음에 들지 않아 깨트려 버린 것이랍니다. 버린 도자기가 큰 무덤처럼 수북하게 쌓여 있는 것을 보면 우리가 박물관에서 볼 수 있는 청자는 정말 어려운 과정을 거쳐 완성된 것임을 짐작할 수 있지요.

청자는 고려 시대부터 조선 시대까지 계속 만들어졌지만, 고려 시대 청자가 가장 우수하다고 해서 고려청자라고 부른답니다. 고려 시대는 국왕과 귀족이 사회를 이끄는 시대였어요. 고려 전기 때 귀족들은 중국 문화를 선호해서 적극적으로 받아들였지요. 그때 중국 북송의 도자기 문화가 고려로 들어와 유행하게 된 거예요. 고려인들은 중국풍의 청자 문화를 순식간에 고려풍으로 바꿔 갔어요. 다른 나라 문화를 짧은 기간에 우리의 것으로 만들 수 있던 것은 고려의 문화적 역량이 뛰어난 덕분이지요.

1123년 중국 송나라 사신 일행이 고려를 방문했을 때 서긍이라는 수행원이 있었어요. 그의 임무는 고려 사회의 모든 정보를 수집해 글과 그림으로 남기는 일이었지요. 서긍이 송나라로 돌아가 지은 책이 유명한 《선화봉사고려도경》, 줄여서 《고려도경》이라고 부르는 책이에요. 우리나라를 염탐할 목적으로 만들어진 책이지만, 고려 시대 때 정보가 얼마 남아 있지 않은 지금은 고려의 역사와 문화를 두루 살필 수 있는 귀중한 자료랍니다. 서긍은 이 책에 '고려청자가 요 몇 해 사이 제작이 정교해졌다', '고려인들이 송나라 청자를 몰래 훔쳐 모방했다'라고 적었어요. 고려청자가 나날이 발전해 가는 것이 조금 배가 아팠던 모양이에요. 이 무렵 세계 최고라고 자부하던 송나라 청자에 적수가 나타났다고 생각한 것이지요.

중국 북송 말기 태평노인이란 사람은 《수중금》이란 책에서 당시 중국 상류 사회에서 유행하던 천하제일의 열 가지에 고려청자를 넣었어요. '도자기는 정요(중국 허베이 성 정저우에 있던 도자기 가마) 백자와 고려의 비색청자가 천하제일이다'라고 평가한 것입니다. 한편 고려 시대 문인이던 이규보는 고려청자를 '아름다운 녹색 청자, 하늘의 솜씨를 빌린 것 같다'라고 표현했답니다. 이런 평가를 보면 당시 고려청자는 고려뿐만 아니라 중국에서도 인정한 국제적인 명품으로 자리매김하고 있었음을 알 수 있지요.

마음속에 간직할 고려청자의 빛깔

박물관에 전시된 유물은 분야에 따라 관람 방법이 달라집니다. 그림은 전체 구도와 함께 그림의 주제, 그리고 세부 장면을 살펴보는 데 비해, 자기는 전체의 이미지가 중요하답니다. 고려청자는 전체적인 조형감과 더불어 옛사람들이 비색이라 표현하던 색감을 느껴 보면 좋을 것 같아요. 고려인들은 고려청자의 색깔을 비색이라고 불렀어요. 푸른색 윤이 나는 구슬인 비취와 색깔이 닮아서 그렇게 불렀다고 해요. 그런데 자기의 색깔은 전시 장소의 조명에 따라 조금씩 다르게 보일 수 있어요.

밝은 불빛 속에서 보는 느낌과 국립중앙박물관처럼 조금은

어두운 분위기에서 집중 조명을 받고 있는 자기를 보는 느낌에는 차이가 있습니다. 고려청자의 색은 말이나 글로 정확하게 표현할 수 없는 부분이 있어요. 박물관에 찾아가 여러분이 직접 보고 느낀 색을 오랫동안 마음속에 간직해 보세요.

 먼저 참외 모양 청자병의 전체 모습을 보아 주세요. 가장 먼저 눈에 띄는 것이 입술 부분이지요? 참외 꽃이 활짝 피어 있는 모습을 표현한 것입니다. 자기를 빚어 구울 때 이렇게 얇게 만들면 깨지거나 찌그러지는 경우가 많아요. 그런데 이 청자는 완벽한 입술을 가지고 있지요. 요즘의 기술로도 이 청자를 그대로 만들어 내기가 어렵다고 해요.

 목은 조금 두툼하면서 둥근 선으로 이어지고 있어요. 만약 이 청자의 목이 지금보다 더 넓거나 좁았다면 어땠을까요? 전체적인 균형이 맞지 않아 볼품없어 보일 거예요. 몸체는 목 아래쪽에 얇은 경계를 두고 만들어졌어요. 올록볼록 팽팽한 양감이 느껴지는군요. 참외 모양을 본떠 만든 것이에요.

굴곡 하나하나가 시원시원하며 아래로 내려오면서 자연스러운 곡선을 보여 줍니다. 아마도 이 작품을 만든 작가는 참외와 참외 꽃을 무척이나 많이 본 모양이에요. 몸체의 아래쪽에는 도드라진 부분을 만들고 그 아래에 받침을 조각했어요. 마치 예쁜 주름치마처럼 보이기도 해요. 위에서 아래로 내려오면서 직선적으로 표현해 안정감을 주고 있습니다.

참외 모양 청자병이 국보로 지정된 이유는 각 부분이 조화를 잘 이루고 있어서예요. 입술과 목, 몸체, 받침을 하나씩 살펴보아도 멋이 있지만, 함께 보면 훨씬 좋아요. 입술은 넓어 보이지만 부서질 것처럼 얇아 하늘거리는 꽃잎처럼 가볍게 느껴집니다. 넓고 부드러운 선의 목은 거침없고, 몸체는 팽팽하며, 맨 아래 받침은 안정감에 화려함이 더해졌습니다.

미술사 학자들은 참외 모양 청자병을 보면 '완벽한 균형미, 정제된 아름다움'이 느껴진다고 합니다. 또 상감 청자처럼 화려한 무늬를 새기지 않았는데도 진한 감동이 전해진다고 해요. 그런 느낌은 이 청자를 만든 도공이나 그가 활약하던 시대의 문화적 역량이 그만큼 뛰어나서일 거예요.

청자 칠보 무늬 향로 국보 95호, 높이 15.3센티미터

이 청자는 참외 모양 청자병과 함께 고려청자를 대표하는 작품입니다. 향을 피우는 향로인데요. 향이 빠져나가는 뚜껑과 향을 태우는 몸체, 그리고 받침으로 구성되어 있어요. 뚜껑 위쪽을 보면 향이 피어오르면서 퍼지도록 만든 둥근 장식이 있습니다. 그 아래에는 국화잎이 여러 겹으로 장식되어 있고, 맨 아래에는 토끼가 향로 전체를 받치고 있어요. 이렇게 정교한데, 흙으로 빚어 만들었다니 놀랍지 않나요?

청자 연꽃 넝쿨무늬 매병 국보 97호, 높이 43.9센티미터

입술이 작고 어깨가 강조된 모양의 병을 매병이라고 해요. 몸체의 윗부분은 둥글게 부풀었다가 아래로 내려오면서 너비가 줄어들고 끝에서 다시 살짝 넓어지는 모양이지요. 몸체 가득히 연꽃을 감싼 넝쿨무늬가 미끈하고 아름답게 새겨져 있어요. 이 매병은 부드러운 곡선과 비색을 잘 갖춘 고려청자 중에서도 특히 명품에 속한답니다.

청자 모란 무늬 항아리 국보 98호, 높이 19.8센티미터

입술이 넓고 몸체가 둥근 그릇이에요. 몸체 양쪽에는 짐승의 얼굴이 새겨진 손잡이를 붙였어요. 색깔은 녹색이 감돌지만 회청색이 강한 편이고, 유약이 고르게 입혀져 아주 투명해 보인답니다. 표면에 가득 새겨진 모란 무늬는 금방이라도 향기가 날 것처럼 사실적이고 아름답지요? 꽃은 희게, 줄기와 이파리는 검게 표현해서 더욱 생기 있어 보여요.

고려·조선

경천사 10층 석탑
역사의 길, 국보 86호, 높이 13.5미터

'역사의 길'에 우뚝 선
우리나라 최초의 대리석 탑

국립중앙박물관 전시동에 들어서면 넓은 홀을 먼저 만날 수 있습니다. 이곳을 으뜸홀이라고 불러요. 으뜸홀에서는 박물관 관람을 위한 모든 안내를 받을 수 있답니다. 으뜸홀을 지나면 기다란 복도를 두고 양쪽에 전시실이 쭉 있어요. 복도의 높은 천장은 유리로 된 지붕으로 덮여 있어 햇빛이 그대로 들어옵니다. 이 복도의 이름이 '역사의 길'입니다. '이 길을 따라가면서 우리 역사와 문화를 살펴보도록 한다'라는 뜻이 담겨 있지요.

역사의 길 입구에 서서 멀리 바라보면 우뚝 솟아 있는 석조물을 볼 수 있어요. 바로 국보 86호로 지정된 경천사 10층 석탑입니다. 돌로 만든 탑은 야외에 전시하는 것이 보통인데, 이 석탑은 특이하게도 박물관 안에 전시되어 있지요.

 일제가 빼앗아 간 우리의 국보

이름만 들어도 알 수 있듯이 이 탑은 원래 경천사라는 절에 있던 거예요. 지금은 북한 땅에 속하는 경기도 개풍군 광덕면 부소산 자락에 있던 절이지요. 언제 만들어졌는지 알 수 없지만, 고려 예종이 아버지 숙종이 돌아가신 뒤 이 절에서 추모 행사를 했다는 내용이 《고려사》에 기록되어 있어요. 그래서 고려 시대에 번성한 사찰이라는 것을 알 수 있지요. 조선이 건국되자 불교는 쇠퇴했고, 자연스럽게 경천사도 쇠락했을 거예요. 높이 13.5미터에 달하는 이 탑만이 외로이 절터를 지켜 왔지요.

그러다 1907년 3월, 한 무리의 일본인들이 총과 칼로 무장하고 절터로 들이닥쳤어요. 당시 일본 궁내 대신이던 다나카 미쓰아키가 이 탑을 일본 도쿄에 있는 자기 집 정원에 가져다 놓으려고 사람을 보낸 거예요. 남의 나라 문화재를 강제로 약탈해 간 것이지요. 그때의 상황은 '대한매일신보'에 '총을 쏘고 칼을

휘두르며 탑을 헐어 열 대의 달구지에 실어 가니 동네 사람들이 그것을 막을 수 없었다', '개성군과 풍덕군 군민들이 구름처럼 몰려들어 결사적으로 저항했다'라고 자세히 보도됐어요.

　일본인들이 경천사 10층 석탑을 약탈해 간 일은 나라 안팎에서 큰 사회 문제가 됐어요. 이때 큰 도움을 준 사람은 두 명의 외국인 저널리스트였어요. 영국인 어니스트 베셀은 '대한매일신보'에, 미국인 선교사 호머 헐버트는 일본 고베의 영자 신문인 '재팬 크로니클'에 일본의 만행을 알렸습니다. 미국의 '뉴욕 포스트'에도 보도가 됐고요.

　여러 신문을 통해 보도가 나가자 국내외에서 다나카 일당을 비난하는 여론이 크게 일었어요. 하지만 경천사 10층 석탑은 절터를 떠난 지 11년이 지난 1918년에야 고국의 품으로 돌아올 수 있었답니다. 심하게 훼손된 상태로 돌아온 탑은 경천사지에 다시 세울 수 없어 경복궁 근정전의 회랑에 오래도록 방치됐어요. 광복 뒤에도, 한국 전쟁 동안에도 경복궁 회랑에 그대로 놓여 있었지요. 1959년에야 탑을 보수해 경복궁 안에 세웠고, 1962년에 국보로 지정했습니다.

　그러나 보존 상태는 점점 나빠졌고, 결국 1995년 국립 문화

우리나라에 석탑이 많은 이유

우리나라에 석탑이 많은 것은 주변 나라로부터 침입을 많이 받았기 때문이에요. 전쟁이 나면 목탑은 불에 타서 없어져 버리지요. 그래서 구하기도 쉽고 질도 좋은 화강암으로 석탑을 만들었어요. 반면, 일본에서는 지진이 잦고 좋은 돌을 구하기가 어려워 울창한 난대림의 좋은 목재들을 이용해 목탑을 만들었답니다. 인도나 중국은 황토가 풍부해 벽돌을 만들기가 쉬워 벽돌을 쌓아 전탑을 만들었지요.

재 연구소는 이 탑을 해체하기로 했어요. 그 뒤 보존 과학자들의 부단한 노력으로 10년 만에 수리를 마쳤지요. 때마침 국립중앙박물관도 새로 세워지게 되면서 2005년 8월 9일, 새 박물관의 '역사의 길'로 옮길 수 있게 됐어요. 오랜 세월 방치됐던 유물이 드디어 편히 쉴 곳을 찾게 된 거예요. 그런데 이 경천사 10층 석탑에는 재미난 비밀이 하나 있어요. 겉으로 보이지는 않지만, 이 탑 받침대 속에는 '면진대'라는 특수 시설이 감추어져 있답니다. 면진대는 지진이 발생했을 때 지진의 파장을 흡수해 유물에 손상이 가지 않게 하는 장치예요. 온갖 풍상을 견뎌 낸 국보를 소중히 가꾸고 보존하려는 우리의 마음이지요.

탑 속에 새겨진 현장 스님을 찾아라

우리나라에는 석탑이 많지만, 탑이 언제 만들어졌는지 정확히 알 수 있는 경우는 거의 없습니다. 그런데 경천사 10층 석탑은 제작 연대와 시주자 이름이 탑에 새겨져 있답니다. 이 탑이 국보로 지정된 이유 가운데 하나가 바로 이 때문이지요. 탑에 새겨진 글에는 경천사 10층 석탑은 고려 충목왕 4년(1348년) 3월에 만들었고, 원나라 황실과 고려 왕실의 안녕을 기원하며, 불법이 널리 퍼져 모든 중생이 불도를 이루기를 바란다는 내용이 들어 있어요. 탑을 만들 때 시주한 사람은 강융과 고용봉인데, 모두 원나라와 가까운 사람이었어요. 당시 고려는 원과 가까운

홀수 층 탑이 많은 이유는?

불교에서 홀수는 영원한 생명을 뜻합니다. 그래서 3~13층까지 홀수 층 탑을 많이 만들지요. 2층이나 10층의 짝수 층 탑도 있는데, 이것은 2와 10이 진리를 상징하는 숫자이기 때문이에요.

외교 관계를 맺고 있었는데, 이 시기를 원 간섭기라고 해요.

이런 시기에 만들어졌기에 이 탑은 고려 시대의 전통적인 탑과는 형태가 달라요. 먼저 탑의 재료가 대리석이에요. 우리 석탑은 대부분 화강암으로 만들어져 단단하지만 표면에 무늬를 조각하기가 어려워요. 반면 경천사 10층 석탑처럼 대리석으로 만들면 무늬를 정교하게 조각할 수 있으나, 약한 게 흠이지요.

탑의 층수가 10층으로 짝수라는 점도 3층, 5층, 7층 등 홀수 층이 많은 우리나라 전통 석탑과 다른 점입니다. 전체 형태도 원나라에서 유행하던 라마교의 영향을 받았어요. 원나라 기술자가 탑을 만들 때 함께 참여했다는 기록이 남아 있기도 합니다.

자, 그러면 탑의 형태와 조각을 살펴볼까요? 나무로 만든 목탑을 본떠 만든 것 같은데요. 탑의 맨 아래에는 탑의 기초를 이루는 기단이 3단에 걸쳐 놓여 있습니다. 기단은 네 방향으로 돌출되어 있고요. 이 기단 위에 모두 10층에 걸쳐 탑의 몸체를 쌓아 올렸어요. 각 층은 기와집처럼 생겼지요? 10층짜리 집처럼 보이는군요. 3층까지는 기단처럼 네 방향으로 돌출되게 만들었고, 4층부터 10층까지는 위로 갈수록 조금씩 좁아집니다.

기단부에는 부처, 보살, 인물, 용, 화초 등이 정교하게 조각되어 있습니다. 조각된 무늬 가운데 〈현장취경도〉라는 그림이 있는데, 현장 스님이 인도에 가서 불경을 가져오는 장면입니다. 현장 스님은 손오공, 저팔계, 사오정이 등장하는 《서유기》라는 소설 속 스님이에요. 인도에서 만들어진 불교가 중국으로 전해지면서 발전하는 모습을 나타낸 것이지요.

고려·조선 181

이 탑은 중국 원나라의 영향을 받아 만든 이국적인 석탑이긴 하지만, 1348년 무렵 고려 시대를 살던 사람들의 믿음과 아름다움에 대한 생각을 잘 보여 주고 있어요. 탑의 기단과 몸체에 조각된 무늬는 라마교 불탑의 조각에서는 보기 어려운 고려적인 요소가 많이 표현되어 있습니다.

경천사 10층 석탑이 만들어지고 다시 118년이 흐른 1466년(조선, 세조 12년)에는 이 탑을 많이 닮은 원각사지 10층 석탑(국보 2호)이 만들어졌어요. 원각사지 10층 석탑을 세운 사람은 조선의 세조 임금이었어요. 국가적으로는 불교를 억압했지만, 정작 국왕 자신은 불교에 심취해 많은 돈을 들여 대리석으로 탑을 만들었지요. 이 탑은 지금 서울 탑골 공원에 전시되어 있는데, 보존 상태가 나빠 유리로 만든 집을 씌워 놓았답니다.

경천사 10층 석탑의 일생은 한 편의 영화와 같아요. 일제 강점기에 약탈당해 대한 해협을 건넜고, 많은 사람의 노력으로 돌아왔지요. 그러나 수십 년 동안 방치되다 시멘트로 응급 복구되었지만, 다시 해체되는 슬픈 운명을 맞았어요. 그리고 마침내 우리 민족 문화의 전당인 국립중앙박물관의 중요 전시물 가운데 하나로 부활했지요. 이 탑이 우리에게 돌아올 수 있게 기초를 다진 두 외국인 저널리스트는 우리보다 더 우리의 문화재를 아꼈어요. 그분들의 노력이 있었기에 오늘 우리가 이 탑을 가까이에서 볼 수 있는 거예요. 그분들의 한국 이름을 기억해 주세요. 베셀은 배설, 헐버트는 할보입니다. 지금 두 분은 서울 마포구 합정동의 서울 외국인 공원묘지에 묻혀 있답니다.

함께 보면 좋은 유물

전 흥법사 염거화상탑 국보 104호, 높이 1.7미터

스님의 사리나 유골을 모신 탑을 '승탑'이라고 부릅니다. 이 승탑은 원래 강원도 원주시 흥법사 터에 있었다고 전해집니다. 탑 아래쪽에는 연꽃을 정교하게 조각해 놓았고, 몸체에는 사리를 수호하는 의미로 네 방향을 지키는 수호신 사천왕을 조각했어요. 지붕은 꼭 기와집 지붕처럼 생겼지요?

고달사 터 쌍사자 석등 보물 282호, 높이 3미터

이 석등은 경기도 여주 고달사 터에 있던 것인데 1959년 서울로 옮겨 왔어요. 석등은 절의 법당 앞뜰에 세워 불을 밝히던 거예요. 받침대 중간에 조각된 두 마리 사자가 눈에 띄는군요. 사자는 앞발을 내민 채 웅크리고 있는데, 등 위로는 구름이 솟아 있어요. 위쪽을 보면 사방으로 뚫려 있는 창이 있지요? 그게 바로 불을 밝히던 공간이랍니다.

남계원 7층 석탑 국보 100호, 높이 9.3미터

이 석탑은 고려 시대를 대표하는 석탑 중 하나예요. 원래 경기도 개성시 덕암동 부근 남계원 절터에 있었는데, 1915년 서울로 옮겨 왔어요. 기본적인 형태는 통일 신라 시대 석탑의 전통을 이어받았지만, 층수가 7층이며 조각이 간략하고 소박한 것은 고려 시대 석탑의 특징이지요. 탑 안에서 1283년에 만든 불경이 발견되기도 했어요.

고려·조선

백자 끈 무늬 병

조각·공예관 도자공예·백자실, 보물 1060호, 높이 31.4센티미터

순백이 아름다워 묶어 두었나?

도자기에는 장인의 혼뿐만 아니라 그 시대 최고의 지성인이 가진 아름다움에 대한 감각까지 고스란히 담겨 있습니다. 우리나라에서 도자 문화가 발달했던 고려와 조선 시대의 왕실과 귀족 사대부들은 최고의 도자기를 선택했어요. 또 자신들이 소망하던 아름다움을 도자기에 나타내려고 노력했지요. 좀 더 좋은 흙을 찾고 유약의 색깔을 더 좋게 만들려고 끊임없이 노력했답니다. 멋진 도자기를 만들려는 노력은 결국 세계적인 청자와 백자를 탄생시키기에 이르렀지요. 고려 시대를 대표하는 도자기가 청자라면, 양반 사대부가 권력을 잡았던 조선 시대의 도자기는 백자입니다. 조선 시대 백자 중에서도 파격적인 예술품으로 평가받는 보물 1060호 백자 끈 무늬 병에 대해 살펴보겠습니다.

조선 사대부의 자긍심과 멋이 담긴 백자

1392년 태조 이성계는 조선을 건국했어요. 당시 조선 건국을 이끈 사람들은 정도전과 같은 신진 사대부였지요. 신진 사대부들은 고려를 멸망의 길로 내몬 것은 불교와 사치 풍조 때문이라고 생각했어요. 그래서 새로운 나라 조선을 이끌어 갈 새로운 사상으로 유교(성리학)를 선택했습니다. 조선은 청렴한 학자 출신 선비들이 정치와 사회를 주도하는 새로운 사회였지요.

조선 초기에는 정치적으로 여러 차례 혼란스러운 일이 많았지만, 세종이 나라를 다스리던 때에는 조선의 문화도 꽃을 피우게 됩니다. 이 무렵 도자 문화도 크게 발전했는데, 중국풍 백자가 아닌 조선의 백자를 탄생시키지요.

중국의 백자는 양쯔 강 남쪽 장시 성에 있는 징더전 가마에서 만들어진 것을 최고로 꼽습니다. 징더전 백자는 빈틈없는 형태, 푸른색 안료로 그려진 섬세하고 화려한 그림이 특징이에요. 반면에 조선의 백자는 아무런 무늬 없이 흰색만으로 표현한 것이 많아요. 그림이 그려져 있다 하더라도 자연스러운 느낌이지요. 이런 자연스러움은 한국 미술의 특징이기도 합니다.

1425년(세종 7년)에 있던 일입니다. 명나라의 사신 윤봉이 조선에 와서 명나라 황제의 명령이라면서 조선의 백자를 달라고 한 일이 있습니다. 윤봉은 원래 조선 사람으로, 중국 조정의 관리를 지냈다고 해요. 그가 조선 백자를 갖고 싶어 명나라 황제의 핑계를 댔다는 이야기도 전해집니다. 이 이야기는 《조선왕조

실록》에 기록되어 있는데, 이를 통해 이 무렵 조선의 백자가 아주 높은 수준이었음을 알 수 있지요.

미술사 학자들은 조선의 백자에서 '순백의 아름다움', '자긍심과 여유로움'이 느껴진다고 입을 모읍니다. 고려청자가 주는 신비로움이나 화려함, 귀족적인 느낌과는 아주 다르지요. 그것은 바로 조선 시대 사대부들이 추구하던 이념과 멋이 그대로 녹아들었기 때문일 거예요.

세조 때에는 왕실에서 사용할 백자를 굽고자 '분원'을 만들었습니다. 드라마 '대장금'에 나온 왕실의 음식을 담당하는 '사옹원'이란 부서 밑에 설치한 것이 바로 분원이지요.

분원은 많은 연구와 논의 끝에 현재의 경기도 광주 지역에 설치하게 됐어요. 좋은 흙, 풍부한 땔감, 도자기를 실어 나르기에 좋은 하천 등 삼박자를 두루 갖춘 곳이었거든요. 백자 끈 무늬 병도 분원에서 만들어졌을 가능성이 아주 크답니다.

고려·조선 187

단 한 번의 붓놀림으로 완성된 그림

보물 1060호로 지정된 끈 무늬 병의 공식 이름은 '백자철화수뉴문병(白磁鐵畵垂紐文瓶)'입니다. 긴 이름이지만 하나씩 풀어 보면 뜻을 알 수 있어요. 철화란 철분이 든 안료로 그림을 그렸다는 뜻이고, 수뉴문이란 아래로 늘어뜨려진 손잡이 무늬란 의미예요.

먼저 어떤 모양인지 위에서 아래로 살펴보지요. 잘록한 목에서 솟구친 입술은 밖으로 살짝 벌어졌네요. 목을 거쳐 몸체로 다다르면서는 급격히 밖으로 벌어져 풍성한 곡선을 이룹니다. 넉넉해 보이는 아래쪽은 안정감이 느껴져요. 조금 높은 굽은 아래쪽의 무거운 느낌을 줄여 주지요.

다음으로 무늬를 보아 주세요. 두툼한 붓 끝에 철화 안료를 듬뿍 묻힌 다음 크게 심호흡을 하고 일필휘지로 그림을 완성했습니다. 일필휘지는 쉬지 않고 한 번의 붓놀림으로 글이나 그림을 완성한다는 뜻이지요. 철분이 든 안료로 그림을 그리고 고온에 구워 내면 이렇게 짙은 갈색이 나타납니다.

붓은 목의 가장 잘록한 부위를 휘감아 돌고 S 라인처럼 아래로 내달려 맨 아래에서 둥글게 한 번 돌고 멈췄어요. 내려 그은 붓 자국에는 미세한 꺾임과 힘찬 기운이 군데군데 살아 있지요. 도자기의 그림은 그릇 만드는 장인이 직접 그리기도 하지만, 중요한 작품은 그림을 그리는 부서의 화원(화가)이 그렸어요.

굴곡진 도자기에 그림을 그리기가 쉽지 않았을 텐데요. 어떤

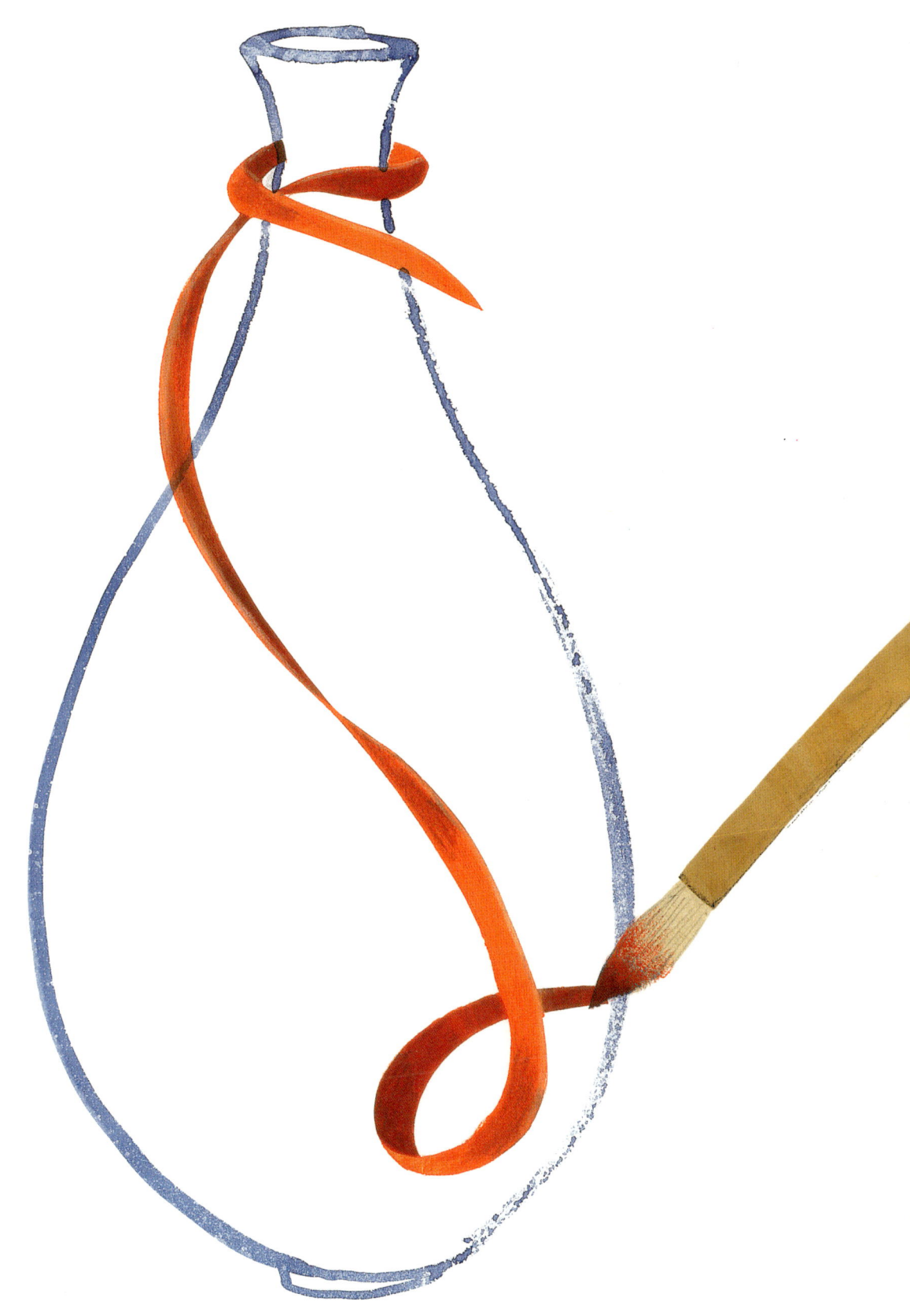

고려·조선 189

안료로 어떤 그림을 그릴지 몇 번이나 생각하고 또 생각한 끝에 그렸을 거예요. 특히 이 도자기에 그려진 무늬는 다른 도자기에서는 찾아볼 수 없는 단 하나뿐인 무늬지요. 대부분의 도자기에는 산수화, 사군자, 용이나 호랑이 등의 동물 그림이 주로 그려져 있어요. 그런 걸 보면 이 그림은 시대를 앞서 나간 당대 최고 화가의 실험적인 작품이 아닐까요?

끈 무늬 병을 들어 바닥을 보면 굽 안쪽에 '니나히'란 한글 세 글자가 쓰여 있어요. 무슨 뜻으로 써 놓은 글자인지는 아무도 모른답니다. 그렇지만 이 세 글자로 도자기가 만들어진 시기는 대략 알 수 있어요. 여러분도 잘 알겠지만 한글은 조선 세종 대왕이 1443년에 만들어 1446년에 반포한 우리의 글입니다. 그러니 이 도자기에 한글이 쓰여 있다는 것은 이 도자기가 1446년 이후에 만들어졌다는 뜻이지요. 이렇게 도자기 바닥에 새겨진 글이나 문양은 도자기를 만든 사람이나 제작 연대를 알아낼 수 있는 중요한 단서가 된답니다.

함께 보면 좋은 유물

백자 매화 대나무 무늬 항아리
국보 166호, 높이 41.3센티미터

이 백자는 무늬가 매우 회화적입니다. 한쪽 면에는 대나무를, 다른 면에는 매화를 그려 넣었는데요. 종이에 그린 그림만큼이나 아름다워요. 입술이 깨져서 보수한 것이 아쉽기는 하지만, 풍만하면서도 안정감을 주는 모양이 일품이에요. 목에는 구름같이 표현된 당초무늬가 있고, 어깨에는 연꽃의 이파리 무늬가 그려져 있어요.

백자 매화 대나무 새 무늬 항아리 국보 170호, 높이 16.5센티미터

푸른색이 나는 안료인 청화는 중국에서 수입해 쓰는 재료였어요. 가격이 너무 비싸고 구하기도 어려웠지요. 그래서 조선 왕실에서는 각 지방으로 사람을 보내 이와 비슷한 안료를 구해 쓰기도 했답니다. 조선 초기의 청화 백자는 아주 귀한 편입니다. 사진 속의 청화 백자는 두께가 얇고 아담하며 잘 정제된 거예요. 당시 유행하던 매화, 대나무, 새 등의 무늬와 더불어 국화 무늬가 그려져 있지요.

백자 달 항아리 국보 262호, 높이 41센티미터

마치 둥근 달을 연상시킨다고 해서 이런 모양의 항아리를 달 항아리라고 부릅니다. 중국이나 일본의 도자기에서는 찾아볼 수 없는 독특한 형태지요. 워낙 크고 둥글어서 두 조각으로 나눠 만든 뒤 가운데를 이어 붙였어요. 이 도자기를 두고 '조선 사람들의 넉넉한 심성' 같아 보인다고 이야기해요.

부석사 괘불

서화관 불교회화실, 913.3×599.9센티미터

부처님이 법당 밖으로 나오셨다

우리나라 옛 그림 가운데에는 부처님을 주인공으로 한 것이 많습니다. 삼국 시대 이래 고려를 거쳐 조선 시대에 이르기까지 많은 사람이 불교를 믿었어요. 그래서 부처님을 조각하거나 그림으로 그려 절에 모시고 여러 가지 의식을 치렀지요. 절 앞마당에서 불교 의식을 수행할 때는 커다란 그림을 걸어 놓고 행사를 진행하곤 했어요. 부처님이 인도의 영취산에서 설법하던 장면을 그린 그림이지요. 이런 그림을 괘불이라고 해요.

괘불은 야외에 거는 그림이라 크기가 무척 큽니다. 부석사 괘불도 세로 길이가 913.3센티미터, 가로 너비가 599.9센티미터에 달해요. 물론 이보다 더 큰 괘불도 있어요. 괘불은 평소에는 나무로 만든 괘불함에 넣어 법당에 모셔 놓았다가 여러 사람이 모이는 행사가 있을 때 꺼내 사용하지요.

 무량수전 앞마당에 높이 세워진 괘불

해마다 가을이 되면 수많은 사람이 경상북도 영주의 부석사를 찾습니다. 길가에는 노란 은행잎이 가득하고, 그 사이로 주렁주렁 열린 빨간 사과가 고개를 내민 가을날입니다. 이 무렵 부석사의 풍경은 무척이나 아름다워요. 봉황산 자락에 포근히 안겨 있는 부석사는 지금으로부터 1400여 년 전 신라의 의상 대사가 세운 절입니다. 이 절에는 안동 봉정사 극락전과 더불어 우리나라에서 가장 오래된 목조 건축물인 무량수전(국보 18호)이 있어요.

무량수전은 부석사의 법당 건물로, 기둥 중간이 볼록한 배흘림기둥으로 유명합니다. 법당 안에는 국보 45호인 소조여래좌상이 자리하고 있어요. 이것뿐만 아니라 주변에 국보와 보물로 지정된 문화재가 많이 있답니다.

하지만 많은 사람이 부석사를 찾는 이유가 단순히 국보나 보물 때문만은 아니에요. 부석사 주변의 빼어난 자연 풍경과 가람 배치라고 하는 절 건물들의 배치가 아주 잘 이루어져 장관을 이루기 때문이지요.

건축 전문가들은 부석사를 '자연을 훼손하지 않고 절을 지어 화엄이라는 불교의 큰 교리를 구현해 냈다'고 평가한답니다. 조선 시대의 방랑 시인 김삿갓은 만년에 부석사를 찾아 무량수전 앞마당에서 사방을 둘러보고 큰 감명을 얻어 시를 썼다고 해요. 그 시가 지금도 무량수전 앞에 있는 누각인 안양루에 남아 있답니다.

평생에 여가 없어 이름난 곳 못 왔더니
백수가 된 오늘에야 안양루에 올랐구나.
그림 같은 강산은 동남으로 벌려 있고
천지는 부평 같아 밤낮으로 떠 있구나.
지나간 모든 일이 말 타고 달려온 듯
우주 사이에 내 한 몸이 오리처럼 헤엄치네.
백 년 동안 몇 번이나 이런 경치 구경할까
세월은 무정하다 나는 벌써 늙어 있네.

부처님 이름이 여럿인 이유는?

부처님의 이름은 손 모양을 보면 알 수 있습니다. 석가모니불은 왼손을 펴서 배꼽 아래 단전에 댔고, 오른손은 무릎 아래로 내려 땅을 가리키고 있어요. 전문 용어로 항마촉지인이라고 해요. '마귀를 항복시키려고 땅을 가리키고 있다'는 뜻입니다. 비로자나불은 왼손 두 번째 손가락을 위로 올리고 오른손으로 감싸고 있어요. 전문 용어로는 지권인이라고 하지요. '손가락을 주먹으로 감싼 손 모양'이라는 뜻이에요. 아미타불은 손을 위로 들어 올리고 엄지손가락에 다른 손가락을 붙여 둥근 고리 모양을 만들었어요. 약사불은 질병을 치료하는 데 사용하는 약함을 왼손에 들고 있고요.

여러분도 기회가 닿는 대로 부석사에 꼭 한번 가 보세요. 김삿갓 시인처럼 너무 늙은 뒤 간 것을 후회할지도 모르니까요.

부석사 무량수전의 앞마당은 그리 넓지 않습니다. 그래서 대중이 많이 모이는 법회는 안양루 아래쪽 마당을 이용한 것 같아요. 마당에는 절을 찾는 이들이 목을 축이는 약수터가 있고, 그 옆에는 돌기둥이 양쪽에 세워져 있습니다. 이 돌기둥 사이에 높은 나무 장대를 세우고 괘불을 걸어 법회를 열었어요. 부석사의 괘불은 1684년(숙종 10년)에 만들어진 뒤 새로운 괘불이 만들어진 1745년(영조 21년) 이전까지 이 자리에 걸려 신도들의 우러름을 받았지요.

부처님의 설법 들으러 괘불 속으로

국립중앙박물관 2층에 있는 미술관 가운데에는 천장 없이 3층까지 뚫려 있는 공간이 있어요. 바로 이곳에 괘불을 전시하지요. 괘불은 크기 때문에 전시장 밖에 전시할 수밖에 없어요. 그래서 유물 보존에 어려움이 많아 1년 내내 전시할 수는 없답니다. 박물관에서 기간을 정해 일정한 기간에만 전시를 하고 있어요.

먼저 괘불에 어떤 그림이 그려졌는지 볼까요? 그림 아래쪽 가운데 가장 커다란 분이 석가모니불이에요. 인도의 영취산에서 설법하는 장면이지요. 석가모니불 주변에서 문수보살, 보현

보살, 관음보살, 세지보살이 설법을 듣고 있어요. 조금 무서운 표정을 한 사천왕은 네 방향에서 부처님을 보호하고 있군요.

조금 위쪽을 보면 부처님 세 분이 나란히 그려져 있어요. 불교 경전에 의하면 우주에는 여러 세상이 있다고 합니다. 그리고

아미타불

약사불

비로자나불

각 세계를 관장하는 부처님이 각각 따로 있다고 해요.

왼쪽에 왼손을 가슴까지 올린 부처님은 아미타불이에요. 아미타불은 사후의 극락세계를 관장하는 부처님입니다. 오른쪽에 있는 부처님은 약사불이에요. 약사불은 병을 치료하는 능력이 있는데, 그 능력을 보여 주듯 왼손에 약함이 있어요. 맨 가운데에는 비로자나불이 그려져 있어요. 비로자나불은 부처님이 깨달은 우주의 진리, 즉 불법을 뜻합니다. 다른 두 부처님이 설법을 듣는 청중과 함께 그려진 데 반해, 이 부처님 주변에는 청중이 없어요. 부처님 몸에서 뻗어 나가는 광채도 남다른 것을 보니 다른 부처님보다 더 특별한 것 같아요.

이 괘불 뒷면에는 글이 쓰여 있습니다. 맨 위에는 주상 전하, 왕비 전하, 세자 저하의 장수를 기원하는 글이 쓰여 있고요. 그 아래에는 강희 23년(1684년)에 괘불과 삼존불상을 조성하는 데 참여한 사람들을 차례로 적었어요. 그리고 맨 아래 왼쪽에는 건륭 10년(1745년)에 괘불을 충청도 월악산 신륵사로 옮기면서 수리할 때 참여한 사람들의 이름을 적었습니다. 강희나 건륭은 중국 청나라 때 쓴 연호인데, 황제가 바뀔 때마다 연호가 바뀌었어요.

부석사 괘불이 만들어진 과정을 자세히 알 수 있던 것은 모두 뒷면에 적힌 글 덕분이었어요. 괘불을 만들 때 얼마나 많은 사람이 동원됐고 어떻게 일을 나눠 했는지 꼼꼼하게 적혀 있답니다. 기록이 얼마나 중요한 일인지 다시 한 번 느낄 수 있지요.

함께 보면 좋은 유물

영산회상 그림 364×242센티미터

절의 법당에 들어가 보면 불상 뒤쪽에 그림이 걸려 있는 것을 볼 수 있어요. 법당에 거는 그림 중에는 영산회상 그림이 많답니다. 영산회상 그림은 부처님께서 인도 영취산에서 설법하는 모습을 그린 거예요. 설법 때 《법화경》이라는 경전을 강의했는데, 《법화경》은 부처님의 가르침 중에서 가장 이상적인 것으로 여겨져 불교 그림 소재로 많이 사용됐어요. 이 그림은 조선 시대인 1742년 영취사에서 사용할 목적으로 그려진 것입니다.

지옥의 왕 그림 156.1×113센티미터

불교 그림 중에 명부를 그린 것이 있어요. 불교에서는 죽고 사는 것이 끊임없이 계속된다고 믿는데, 명부란 사람이 죽어서 다시 태어나기 전까지 머물러야 하는 세계입니다. 그곳에서 생전에 지은 죄를 심판받고 벌을 받게 되지요. 이 그림은 19세기 후반 태고사라는 절의 명부전에서 사용된 그림이에요. 지옥을 지키는 네 번째 왕인 오관대왕을 그렸어요. 그림 아래쪽을 보면 생전에 지은 죄 때문에 고통받는 사람들이 그려져 있습니다.

감로 그림 200.7×193센티미터

감로는 '달콤한 이슬'이라는 뜻이에요. 사람들에게 감로와 같은 법문을 베풀어 해탈시킨다는 의미로, 이 그림에 '감로도'라는 이름을 붙였어요. 가운데에 누군가 그릇을 들고 있지요? 아귀라고 하는데, 늘 굶주림으로 고통받는 귀신이에요. 아귀가 또 배가 고픈지 위쪽에 있는 일곱 부처님한테 감로를 받으려고 그릇을 들고 있네요. 아래쪽에는 고통받는 사람들의 삶이 그려져 있습니다. 벌을 받는 장면, 집이 무너지고 물에 빠지는 장면, 호랑이한테 잡아먹히는 장면 등이지요.

단원 김홍도의 《풍속화첩》
서화관 회화실, 보물 527호

천재 화가가 그린 조선은
어떤 모습일까?

국립중앙박물관 미술관Ⅰ 회화실에는 조선 시대 사대부와 화원들의 그림이 여러 점 전시되어 있습니다. 그 가운데에는 선비들이 즐겨 그린 산수화와 사군자(매화, 난초, 국화, 대나무) 그림이 많으며, 꼿꼿한 선비들의 기개를 잘 보여 주는 초상화도 있지요. 회화실을 둘러보면 다른 전시실보다 조금 더 어둡다는 느낌이 들 거예요. 종이나 비단에 그려진 옛 그림은 빛에 약해서 밝은 빛에 오랫동안 노출되면 색깔이 변하는 등 훼손될 수 있기 때문에 조명을 어둡게 한 것이랍니다. 전시품이 자주 바뀌는 것도 그런 이유 때문이에요. 특히 종이에 그린 그림은 온도, 습도, 빛에 더욱 민감하지요.

여기서 소개할 김홍도의 《풍속화첩》이 바로 종이에 먹으로 그린 그림이에요. 《풍속화첩》에는 모두 스물다섯 점의 풍속화가 들어 있어요. 〈씨름도〉, 〈춤추는 아이〉, 〈서당도〉, 〈논갈이〉, 〈빨래터〉, 〈담배 썰기〉, 〈신부 집으로 향하는 새신랑〉, 〈장터길〉 등 서민들의 생활을 보여 주는 그림이지요.

못 그리는 그림이 없다

김홍도는 조선 후기에 살던 화가입니다. 영조 임금이 다스리던 1745년에 태어났지요. 태어난 곳은 지금의 경기도 안산이었던 것 같아요. 김홍도의 집안은 대대로 하급 무관을 지낸 중인에 속했어요. 그래서 경제적으로 풍족하지는 않았던 것 같습니다.

예전에는 이름을 소중히 여겨 함부로 부르지 않던 관습이 있었어요. 그래서 장가든 뒤에 본래 이름 대신 부르는 자, 본명이나 자 외에 허물없이 부를 수 있도록 지은 호가 있었지요. 김홍도의 자는 사능(선비만이 물질적인 것에 흔들리지 않고 변함없이 올곧게 처신할 수 있다는 뜻)이고, 호는 단원입니다. 호는 단원 외에도 여러 가지가 있었지만, '박달나무가 있는 뜰'이라는 뜻의 단원이 가장 많이 쓰였어요. 단원과 같은 시대를 살던 사람들은 그를 화선이라고도 불렀다고 해요. 화선이란 '신선의 경지에 오른 화가'라는 뜻이니까 김홍도의 그림 솜씨가 어땠는지 알 수 있겠지요?

단원은 안산에 살면서 당시 최고의 학자이자 화가이던 표암 강세황을 만났어요. 일곱 살 무렵부터 표암에게 그림을 배운 단원은 곧 스승으로부터 그 능력을 인정받게 됩니다. 스무 살 즈음에는 도화서의 화원이 됐지요. 도화서는 조선 시대에 그림에 관한 일을 맡아보던 관아입니다.

조선은 기록을 매우 중요시하는 나라였어요. 오늘날까지 잘

표암 강세황

조선 시대 후기에 문인이자 화가, 평론가로 활동한 사람이에요. 여덟 살 때 시를 짓고 열세 살 무렵부터는 글씨에 뛰어난 솜씨를 보였답니다. 오랫동안 학문과 서화에 전념했는데, 당시 화단에 한국적인 남종 문인화풍을 정착시키고 진경산수화를 발전시켰어요. 풍속화와 인물화를 유행시키고, 새로운 서양화법을 받아들이는 데도 한몫을 했지요.

전해진 《조선왕조실록》이나 《승정원일기》, 《비변사등록》 등의 기록뿐만 아니라 나랏일에 대한 다양한 기록을 남겼지요. 또한 나라의 중요 행사 때는 반드시 그림을 그려 보관했답니다. 마치 요즘 각종 기념일에 사진을 찍거나 동영상을 촬영하는 것처럼 말이에요.

궁궐 생활을 시작한 지 얼마 지나지 않아 단원의 뛰어난 솜씨는 세상에 알려지게 됐어요. 영조 임금은 자신과 세손의 어진(임금의 얼굴 그림)을 단원에게 그리게 했어요. 뒤에 국왕이 된 정조는 단원을 특별히 신뢰해 그림에 관한 업무는 모두 그에게 맡겼다는 기록이 남아 있을 정도입니다.

단원의 능력을 알아보고 한평생 큰 도움을 준 사람은 스승인 표암 강세황이었어요. 표암은 단원을 다음과 같이 평가했어요.

'(김홍도는) 못 그리는 것이 없다. 인물, 산수, 신선, 부처, 풀과 과일, 동물과 벌레, 물고기와 게 등의 그림이 모두 신묘한 경지에 이르러 옛날 위대한 화가들과 비교해도 그에 필적할 만한 사람이 없다.'

물론 단원과 가까운 사이였기에 평가가 좋았을 수도 있지만, 제자에 대해 이런 평가를 하기는 쉽지 않은 일이었겠지요.

단원은 마흔 살 이후 그동안의 공로를 인정받아 지방의 관리로 부임합니다. 안기 찰방과 연풍 현감이 그것인데요. 찰방은 도로를 관리하는 관직이고, 현감은 현을 다스리는 사또입니다. 중인 신분인 화원에게는 파격적인 인사였지요. 사또가 된 단원은 지방의 선비들과 가까이 지내면서 새로운 작품 세계를 열어

가게 되었고, 그 뒤 국왕의 명을 받아 금강산과 관동팔경을 돌아보고 그림을 그려 오기도 했어요.

단원의 천재성은 영조와 정조 임금이 다스리던 18세기라는 시대를 만나면서 빛을 발할 수 있었어요. 인재를 고르게 등용하는 정치를 하고, 경제를 발전시켜 태평성대를 이루었기에 문학과 예술도 자연스럽게 꽃피우게 된 것이지요. 단원이 살던 시대는 바로 조선의 르네상스 시기라고 할 수 있어요. '시대가 인물을 낳는다'라는 말이 꼭 맞는 것 같습니다.

재치와 해학이 돋보이는 김홍도의 풍속화

옛 그림에 정통한 분들에 의하면 그림은 예술 작품이므로 그 그림을 그린 작가의 의도나 관점을 잘 이해해야 한다고 합니다. 하지만 쉬운 일이 아니지요. 보는 사람의 마음가짐이나 생각에 따라 그림이 달라 보일 때도 있으니까요. 그래서 그림을 처음 보았을 때 받는 느낌이 가장 중요하다고도 해요. 단원의 그림을 처음 보았을 때 여러분은 어떤 느낌을 받았나요?

첫 그림은 유명한 〈씨름도〉입니다. 그림은 씨름판을 내려다보는 시선으로 그려서 씨름하는 장사뿐만 아니라, 그 주변의 구경꾼까지 잘 보입니다. 씨름을

하는 두 사람 가운데 누가 이길 것 같은가요? 아마도 등을 보인 사람이 이길 것 같네요. 상대방을 불끈 들어 올린 그의 표정에서 힘찬 기운이 느껴집니다. 몸의 균형을 잃은 장사는 초조해 보이는군요. 넘어지지 않으려고 상대방의 옷을 움켜쥔 채 안절부절못하고 있어요.

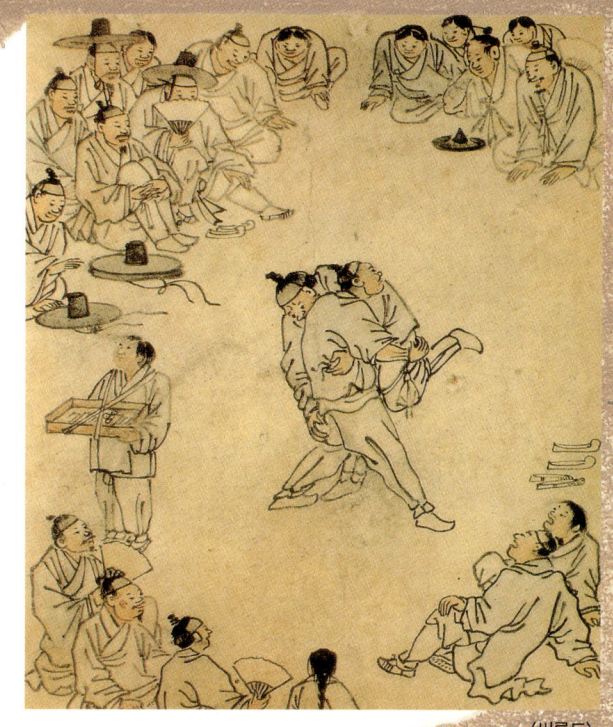
〈씨름도〉

그림의 맨 아래 가운데에 그려진 소년은 뒷모습만 보입니다. 하지만 고개를 살짝 왼쪽으로 돌려 엿장수의 엿판을 보고 있네요. 표정이 보이지는 않지만 아마도 달콤한 엿에 정신이 팔려 씨름 따위는 관심도 없는 표정일 것 같아요. 단원의 재치와 해학이 엿보이는 대목입니다.

그림 오른쪽 아래에 있는 구경꾼은 놀란 듯 몸을 뒤로 젖혔습니다. 그런데 여기에 어딘가 모르게 어색한 부분이 숨어 있어요. 바로 구경꾼의 오른손입니다. 여러분이 직접 오른손을 바닥에 짚어 보면 알겠지만 도저히 저런 손 모양이 나올 수 없지요. 어떤 사람들은 급하게 그리다 보니 단원이 실수한 것으로 보기도 합니다. 그런데 일부러 바꾸어 그렸을 수도 있을 것 같아요.

이 그림에 재미를 더해 주는 것은 엿을 파는 소년입니다. 씨름판에는 전혀 관심이 없어 보이네요. 엿판에 동전이 있는 것을 보니 조금 팔기는 판 것 같아요. 이 엿장수 덕분에 왁자지껄한 씨름판 분위기가 더욱 잘 전해지는 것 같습니다.

〈춤추는 아이〉

　두 번째는 〈춤추는 아이(무동)〉입니다. 왼발은 까치발을 하고, 오른발은 추어올렸어요. 하늘거리는 긴 소매가 춤사위의 흥겨움을 잘 드러내 줍니다. 붉은색 신발, 남색 바지 대님, 녹색 웃옷 등이 주인공을 돋보이게 하네요. 땅을 향한 아이의 얼굴을 보니 흠뻑 빠져든 채 춤을 추는 것 같아요.

　춤추는 아이 주변에는 악사 여섯 명이 앉아 있습니다. 맨 아래에 있는 악사는 해금을 연주하고 있군요. 뒷모습만 그렸는데도 이 악사의 해금 솜씨는 기가 막힐 것 같아요. 이 악사의 왼손이 뭔가 이상해 보이지 않나요? 〈씨름도〉의 구경꾼처럼 실제로는 이런 손 모양이 나올 수 없지요. 악사의 왼손을 앞에서 본 모양처럼 그린 것입니다.

그 옆에는 대금을 부는 악사와 피리를 부는 악사가 연이어 앉아 있어요. 가는 피리를 부는 악사는 입 안 가득 공기를 넣고 힘차게 불고 있습니다. 무척이나 숨차 보이네요. 그 옆에는 장구와 북 등 타악기 연주자도 자리를 잡고 있어요. 이 그림 역시 배경은 빼고 주인공을 중심에 두었어요. 그림 전체를 보면 둥그런 원형 구도입니다.

세 번째는 〈서당도〉입니다. 그림 가운데에서 학동 한 명이 울고 있네요. 왼손으로는 눈물을 훔치고 오른손으로는 다리를 만지는 것을 보면 훈장님께 회초리를 맞은 것 같군요. 그런데 훈장님 표정이 특이합니다. 두 볼이 유난히 튀어나와 있는데, 웃음을 참는 것인지, 아이를 혼내고 마음이 좋지 않은 것인지 표정이 조금 복잡해 보입니다. 이 아이는 왜 혼이 났을까요? 시험에 대답을 제대로 하지 못했을까요?

'남의 불행은 곧 나의 행복'이라는 농담이 있듯이 함께 공부하는 친구들은 모두 웃고 있어요. 친구가 혼나고 있는데도 웃는 것을 보면 대답이 워낙 엉뚱했던 게 아닐까요? 왼쪽의 맨 뒤 친구는 손을 입에 갖다 댔고, 다른 두 명은 애써 웃음을 참고 있어요. 오른쪽 친구들은 입을 벌리고 크게 웃고 있네요.

단원 〈풍속화첩〉

단원 〈풍속화첩〉은 보물 527호입니다. 국립중앙박물관에 소장되어 있는 이 〈풍속화첩〉은 모두 스물다섯 점의 그림으로 구성되어 있어요. 단원이 조선 시대 서민들의 일상을 화폭에 담아 낸 것이지요. 대부분 배경을 생략하고 인물을 크게 그렸어요. 박물관 전시실에서 만나 볼 수 있는 것처럼 스물다섯 점의 그림은 각기 낱장으로 표구되어 있어요. 박물관에서는 유물의 훼손을 막기 위해 조명을 조금 어둡게 하고 일정한 기간별로 교체하여 전시하고 있답니다.

〈서당도〉

이 그림은 가까운 것은 크게, 멀리 있는 것은 작게 그리는 방법인 원근법을 벗어나 있습니다. 멀리 있는 훈장 선생님보다 가까이 있는 아이가 오히려 더 작게 그려졌어요. 원근법을 쓰지 않는 것이나 배경을 과감하게 뺀 것은 그림에 집중하기 위해서랍니다.

〈서직수 초상〉 보물 1487호, 148.8×72.4센티미터

1796년(정조 20년) 조선 최고의 화가이던 이명기와 김홍도는 평소 잘 알고 지내던 서직수의 초상화를 그렸습니다. 사대부가 평상시에 쓰는 동파관을 쓰고 조금 품이 넓은 옷을 입었어요. 우리나라 초상화에서 서 있는 모습은 보기 드문 편인데, 흰 버선을 신고 꼿꼿이 서 있는 모습이 인상적이에요. 이 그림은 단정한 선비의 모습이 잘 표현된 것으로 평가받고 있답니다. 그런데 정작 그림의 주인공은 마음에 들지 않았나 봐요. '이명기가 얼굴을 그리고 김홍도가 몸을 그렸다. 두 사람은 그림에 이름난 이라 하지만 한 조각의 정신도 그려 내지 못하였구나'라고 그림 위쪽에 적어 둔 걸 보면 말이에요.

이암의 〈어미 개와 강아지 그림〉 163×55.5센티미터

이암은 조선 시대 왕실 출신 화원입니다. 개나 고양이 그림을 잘 그렸지요. 이 그림에서도 한 그루 나무 아래에서 쉬고 있는 어미 개와 강아지의 모습이 잘 표현되어 있어요. 어미 개의 목에는 방울이 달린 붉은색 목걸이가 걸려 있네요. 어미 개의 품속으로 파고드는 강아지, 그리고 장난을 치며 어미 개의 배를 벤 강아지의 표정에 행복함과 평화로움이 가득합니다.

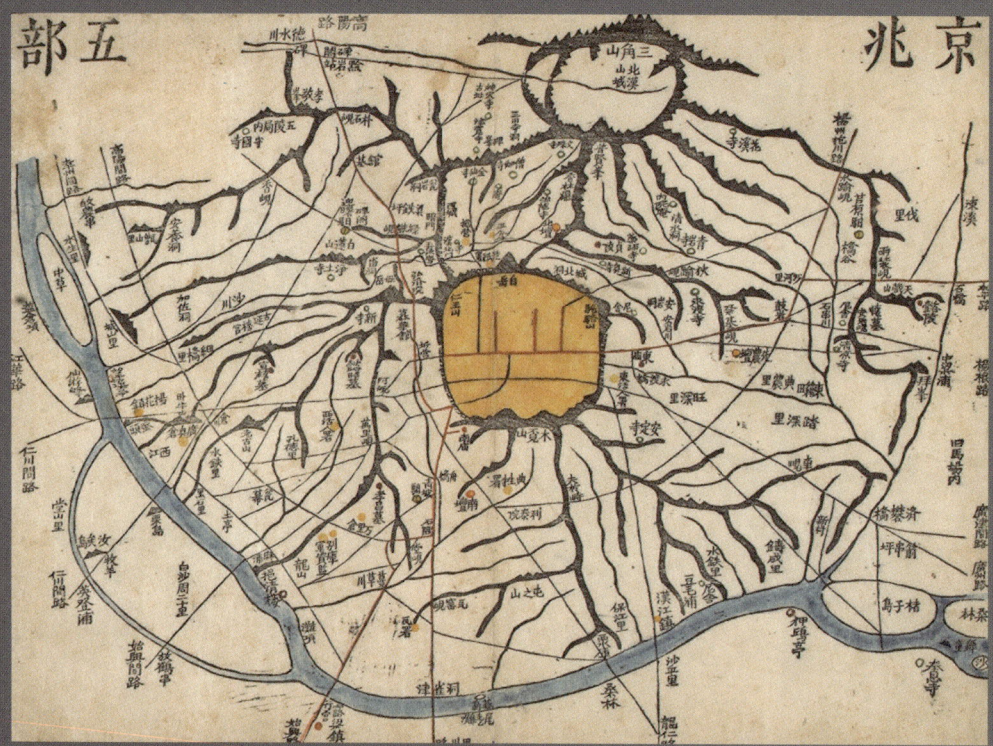

경조오부도

금강산

〈대동여지도〉
중·근세관 조선 4실, 보물 850호

목판에 새긴 우리 땅

예나 지금이나 지도는 우리 생활에 꼭 필요한 것입니다. 우리가 사는 곳의 모습이나 구체적인 위치, 특징까지 모두 지도를 통해 알 수 있지요. 지도는 우리에게 수많은 정보를 주는데, 개인뿐만 아니라 국가에도 꼭 필요한 것이랍니다. 다른 나라와 전쟁을 하거나 교역을 할 때 지도가 반드시 필요하거든요. 또한 백성들이 어디에, 얼마나, 어떻게 살고 있는지 파악해 세금을 거둬야 나라를 다스릴 수 있는데, 이때에도 지도는 꼭 필요한 것이었어요. 그래서 각 나라에서는 지도를 중요하게 생각하고, 더욱 정밀한 지도를 만들고자 노력했답니다.

옛 지도를 살펴보면 그 속에 담긴 옛사람들의 생활이나 세계에 대한 생각을 찾아낼 수 있어요. 여기서는 우리나라 옛 지도 중 최고라고 평가받는 김정호의 〈대동여지도〉에 대해 차근차근 알아보겠습니다.

지도에 한평생을 바친 고산자 김정호

조선 후기의 대표적인 지리학자 김정호의 이름을 모르는 사람은 거의 없을 거예요. 그렇지만 그에 대해 바르게 아는 사람 또한 드문 편입니다. 사실 김정호에 대한 기록은 거의 남아 있지 않아서 그가 언제 태어나서 언제 세상을 떴는지조차 알 길이 없어요. 이러저러한 기록을 종합해 보면 1804년쯤 태어나 1866년쯤 세상을 떠난 것으로 추정할 따름입니다.

제가 어릴 적에 읽은 동화책 속의 김정호는 초인(超人)처럼 묘사되어 있었어요. 〈청구도〉(1834년 완성)와 〈대동여지도〉(1861년 간행)를 만들고자 조선 팔도를 세 번이나 돌고, 백두산에 여덟 번(열일곱 번이라는 책도 있었어요)이나 올랐다고 합니다.

그런데 최근의 연구에 의하면 이런 이야기는 근거가 없다고 하네요. 이 이야기가 처음 실린 책은 일제 강점기에 조선 총독부가 발간한 《조선어독본(朝鮮語讀本)》입니다. 이 책에 실린 이야기 가운데 근거 없이 지어낸 것이 많은데요. 김정호에 관한 이야기도 마찬가지예요. 이 책에는 다음과 같은 이야기가 나옵니다. 흥선 대원군이 정권을 잡았을 때 김정호가 〈대동여지도〉를 바쳤는데, 너무나 정밀해서 국가의 기밀이 외부에 노출될 것이 염려되어 〈대동여지도〉를 모두 압수해 불태우고 김정호를 옥에 가두어 죽게 만들었다고 해요.

하지만 《조선어독본》의 내용을 그대로 믿기는 어려워요. 오늘날까지 서른 질의 〈대동여지도〉가 전해지고 있고, 지도를 찍어 낸 목판도 열두 장이 국립중앙박물관에 남아 있기 때문이지요. 학자들은 김정호가 전국 각지를 답사한 것은 인정하지만, 모든 곳을 직접 측량하지는 못했을 거라고 합니다. 이미 나와 있던 각종 지도와 지리지에 실려 있는 자료를 일일이 비교, 종합해서 〈대동여지도〉를 완성했다고 보는 견해가 많습니다.

김정호는 중인(中人) 신분이었어요. 조선 시대에는 양인과 천민이 있었고, 양인은 양반과 중인으로 나뉘었어요. 중인은 국가에 세금을 내고 군인으로서 나라도 지켰지만, 벼슬길에 나가는 데는 한계가 있었지요. 중인 가운데에는 뛰어난 인물도 많았으나 재능을 펼칠 장이 없어 좌절하는 사람이 많았답니다.

김정호는 중인으로 살아가야 하는 어려움과 늘 궁핍한 생활에도 불구하고 한평생을 오로지 지리 연구와 지도 제작에 헌신했어요. 최한기, 신헌 등 당대 최고의 지식인들과 폭넓게 왕래하면서 지리학에 관한 독보적인 성과를 일구어 냈지요. 온갖 악조건을 물리치고 조선 후기 최고 지식인 반열에 우뚝 선 김정호. 그가 흘린 땀과 눈물의 노력이 〈대동여지도〉로 우리에게 전해진 것입니다.

> **〈대동여지도〉의 목판은 어떤 나무로 만들었을까?**
>
> 국립중앙박물관에 소장된 〈대동여지도〉의 목판은 수령 100년 정도의 피나무라고 알려져 있어요. 크기는 가로 43센티미터, 세로 32센티미터이고 두께는 약 1센티미터입니다. 피나무는 우리나라 산과 들에서 흔히 자라는 나무인데, 결이 부드럽고 가벼울 뿐만 아니라 잘 마르고 잘 썩지 않는 특징이 있어요.

조선 시대에 만들어진 휴대용 지도

〈대동여지도〉는 워낙 커서 한눈에 살펴보기가 어려울 정도예요. 전체를 붙였을 때 가로 3.8미터, 세로 6.7미터에 달하니까요. 축척은 약 16만분의 1로, 일흔 장 정도의 목판에 새겨 스물두 개 첩으로 만들어 펴냈습니다. 우리나라 전체를 남북 22층으로 나눈 것이지요. 각 층은 병풍처럼 여러 폭으로 접을 수 있어요. 접어서 오므렸을 때의 크기는 가로 20.1센티미터, 세로 30.2센티미터입니다. 가지고 다니면서 볼 수 있을 만큼 작은 크기지요. 필요한 부분만 들고 나가 펼쳐 보면 된답니다.

국립중앙박물관에서는 두 개의 층을 전시하고 있습니다. 그 가운데 1층을 살펴보겠습니다. 1층은 맨 꼭대기에 있는

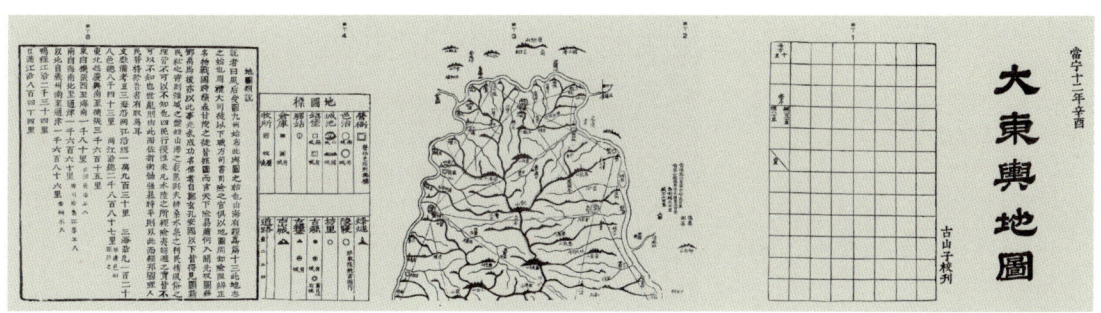

〈대동여지도〉 목판본

것이고요. 오른쪽부터 제작 연대, 지도 이름, 작자 이름, 지도의 축척을 보여 주는 눈금(방안표), 함경도 은성 부근의 지도, 지도표, 지도유설(서론), 서울의 지도 순서로 배치했어요.

지도의 맨 오른쪽에는 '대동여지도(大東輿地圖)'라는 한자가 큼지막하게 쓰여 있는데, 이게 바로 지도의 이름입니다. 오른쪽 위에 자그마한 글씨로 '당녕십이년신유(當寧十二年辛酉)'라고 쓰여 있어요. '지금의 임금님이 다스린 지 12년째인데, 그해는 신유년'이란 뜻이에요. 서기로 치면 1861년이지요.

지도 이름에서 왼쪽을 보면 '고산자(古山子)'라는 글씨가 보이는데, 김정호의 호입니다. 다시 그 옆에는 네모 칸에 눈금이 그려져 있어요. 이것이 바로 지도의 축척을 나타내는 방안표랍니다. 한 칸이 10리(4킬로미터)인데, 동서로 여덟 칸이니까 80리, 남북으로는 열두 칸, 즉 120리입니다. 바로 이 너비가 이 지도를 만들 때 기준이 되는 면이에요.

방안표 왼쪽에 있는 지도는 조선에서 가장 북쪽에 있던 은성 부근을 그린 것입니다. 서남쪽으로 흐르는 강이 압록강이고, 동남쪽으로 흐르는 강이 두만강이지요. 지도에서 검게 표시된 것

축척
축척이란 실제 거리를 지도상에 축소시킨 비율을 말합니다. 예를 들어 축척이 1 : 25,000이라고 하면, 이 지도에서의 거리는 실제 거리보다 2만 5000분의 1만큼 줄어들게 되는 것이지요. 소축척 지도는 넓은 지역을 간략하게 나타내는 지도이고, 대축척 지도는 좁은 지역을 자세하게 나타내는 지도예요.

이 산줄기이고요. 읍과 읍 사이의 길을 선으로 그리고 10리마다 점을 찍었어요.

지도를 조금 더 자세히 들여다보면 산과 하천뿐만 아니라 1만 3000개에 달하는 지명이 등장합니다. 그리고 많은 지명을 쉽게 찾아볼 수 있도록 지도표를 만들었어요. 지도표에는 모두 열네 개 항목이 있고 다시 몇 개로 자세히 나누었습니다. 각 항목은 기호로 표시해서 기호만 봐도 지도의 표시된 지명의 특징이나 성격을 잘 알 수 있답니다.

행정 중심지인 관아가 있는 곳은 ロ, 성이 있는 읍은 ◎, 성이 없는 읍은 ○, 창고는 ■, 옛 고을은 ●으로 표기했습니다. 그리고 왼쪽에는 '지도유설(地圖類說)'이라고 쓰여 있어요. 이 지도의 머리글로, 왜 이 지도를 만들었는지를 글로 적어 두었지요.

지금처럼 교통이 좋은 것도 아니고 측량 기구 같은 정밀한 도구도 없던 시절에 이렇게 정확한 지도를 만들었다니, 놀라울 따름입니다. 더욱이 종이에 그린 지도를 나무판 위에 뒤집어 붙이고 일일이 조각해서 목판을 만들었어요. 지도에 대한 김정호의 남다른 열정이 있었기에 가능한 일이었을 거예요. 김정호는 이 지도를 펴낸 뒤에도 여러 번 세부적인 오류를 수정하면서 더욱 완성도를 높여 갔답니다.

〈동국대지도(東國大地圖)〉
보물 1538호, 272.7×147.5센티미터

〈동국대지도〉는 조선 후기의 뛰어난 지도학자 정상기(1678~1752년)가 만든 〈동국지도〉를 원본으로 도화서(궁궐의 각종 그림을 그리는 부서)의 화원이 정교하게 베껴 그린 것으로 추정됩니다. 이 지도에는 만주 지역이 그려져 있고, 압록강과 두만강, 그리고 해안선의 굴곡이 매우 정밀하게 그려져 있어요. 이 지도는 비단에 그려진 것이어서 보존 문제 때문에 복제품을 전시하고 있답니다.

〈수선전도(首善全圖)〉 101×74센티미터

〈수선전도〉는 김정호가 만든 것으로 추정되는 서울 지도입니다. 지도 맨 위에는 '수선전도(首善全圖)'라는 네 글자가 쓰여 있어요. 오른쪽부터 읽으면 된답니다. 수선은 서울을 뜻하는 말이에요. 아래쪽에는 한강이 있고 북쪽으로는 도봉산, 북한산이 그려져 있어요. 시내를 살펴보니 청계천도 자세히 묘사되어 있군요. 이 지도의 목판(보물 853호)은 고려대학교박물관에 소장되어 있습니다.

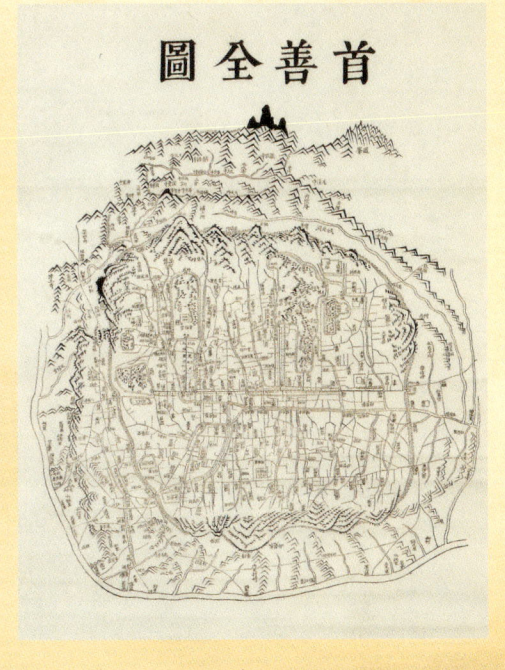

대표 유물 출토 위치

국립중앙박물관 전시 유물은 우리 민족의 오랜 역사적 경험을 고스란히 품고 있는 보물입니다. 이 책에서는 그 가운데 가치가 더욱 높은 스물다섯 점이 유물을 가려 뽑아 설명했지요. 그런데 우리나라가 남북으로 분단되어 있어서 북한 지역 출토 유물은 일부만 포함된 점, 계다가 고구려나 발해 유물 가운데 다수가 중국에 보관되어 있어 연구하기 쉽지 않다는 점은 아쉬움으로 다가옵니다.

| 자료 제공 및 출처 |

국립중앙박물관 | 14쪽 암사동 빗살무늬 토기 21쪽 갈돌과 갈판 (중박201003-87) 21쪽 흙으로 빚은 여인상 (중박201003-87) 21쪽 조가비 탈 (중박201003-87) 22쪽 송국리 요령식 동검 29쪽 불탄 쌀 (중박201003-97) 30쪽 농경문 청동기 35쪽 한국식 동검 (중박201003-103) 35쪽 거친 무늬 거울 (중박201003-97) 38쪽 다호리 1호분 붓 41쪽 다호리 붓이 들어 있던 대나무 바구니 (중박201003-97) 45쪽 성운문경 (중박201003-97) 45쪽 오수전 (중박201003-97) 45쪽 주조 도끼 (중박201003-97) 45쪽 부채 자루 (중박201003-97) 46쪽 새 날개 모양 관 장식 51쪽 지안 시 출토 금동 신발 (중박201003-103) 51쪽 능동 출토 굵은 고리 귀걸이 (중박201003-97) 52쪽 호우총 청동 그릇 59쪽 쌍영총 벽화 (중박201003-97) 59쪽 광개토 대왕 무덤의 전돌 60쪽 무령왕비 관 장식 67쪽 금제 목걸이 (중박201003-87) 68쪽 금동대향로 76쪽 죽막동 제사 유적 미니어처 83쪽 풍납토성의 청동 초두 (중박201003-87) 83쪽 부여 신리 그릇 받침 (중박201003-97) 86쪽 청동제 솥과 바람개비 모양 장식 92쪽 옥전 고분의 금 귀걸이 99쪽 지산동 투구 (중박201003-97) 100쪽 경주 구정동의 철갑옷 107쪽 고사리무늬 쇠창 (중박201003-103) 107쪽 말 머리 가리개 (중박201003-103) 108쪽 황남 대총 금관 115쪽 금제 허리띠 (중박201003-103) 115쪽 금으로 만든 그릇 (중박201003-103) 116쪽 황남 대총 동로마 유리그릇 123쪽 금령총의 물방울무늬 유리잔 (중박201003-97) 124쪽 말 탄 사람 모양의 토기 131쪽 배 모양의 토기 (중박201003-87) 132쪽 북한산 진흥왕 순수비 139쪽 태자사 낭공 대사 비석 (중박201003-87) 142쪽 반가 사유상 149쪽 반가 사유상 국보 78호 (중박201003-87) 149쪽 연가칠년명 불상 (중박201003-87) 149쪽 감산사 석불 (중박201003-87) 150쪽 감은사지 동탑 사리갖춤 155쪽 감은사지 사리갖춤 외함 (중박201003-103) 157쪽 전 황복사 터 3층 석탑 사리갖춤 (중박201003-87) 157쪽 시공사 쇠북 (중박201003-87) 157쪽 물가 풍경 무늬 정병 (중박201003-103) 158쪽 안압지 금동 가위 (중박201002-68) 161쪽 복제품 주사위 (중박201003-97) 165쪽 짐승 얼굴 무늬 기와 (중박201003-87) 165쪽 용머리 장식 (중박201003-97) 168쪽 참외 모양 청자병 175쪽 청자 칠보무늬 향로 (중박201003-87) 175쪽 청자 연꽃 넝쿨무늬 매병 (중박201003-87) 175쪽 청자 모란 무늬 항아리 (중박201003-87) 176쪽 경천사 10층 석탑 183쪽 전 흥법사 염거화상탑 (중박201003-87) 183쪽 고달사 터 쌍사자 석등 (중박201003-87) 183쪽 남계원 7층 석탑 (중박201003-103) 184쪽 백자 끈 무늬 병 191쪽 백자 매화 대나무 무늬 항아리 (중박201003-87) 191쪽 백자 매화 대나무 새 무늬 항아리 (중박201003-87) 191쪽 백자 달 항아리 (중박201003-97) 192쪽 부석사 괘불 199쪽 영산회상 그림 (중박201003-97) 199쪽 지옥의 왕 그림 (중박201003-97) 199쪽 감로 그림 (중박201003-103) 200쪽 단원 김홍도 《풍속화첩》 209쪽 〈서직수 초상〉 (중박201003-103) 209쪽 이암의 〈어미 개와 강아지 그림〉 (중박201003-103) 210쪽 〈대동여지도〉 217쪽 〈동국대지도〉 (중박201003-103) 217쪽 〈수선전도〉 (중박201003-103) **국립경주박물관** | 49쪽 은관 (경박2010-25) 67쪽 무령왕 금제 관 장식 (경박2010-25) 67쪽 은제 관 장식 (경박2010-25) 115쪽 터키석으로 장식한 팔찌 (경박2010-25) 123쪽 황남 대총 남쪽 무덤의 금반지 (경박2010-25) 127쪽 금령총 발굴 모습 (경박2010-25) 131쪽 금령총 가는 고리 귀걸이 (경박2010-25) 131쪽 식리총 금동 신발 (경박2010-25) **국립김해박물관** | 91쪽 원통 모양의 청동기 91쪽 청동 거울 107쪽 나무로 만든 갑옷 틀 **국립부여박물관** | 75쪽 규암면 외리 산수문 전돌 75쪽 규암면 외리 봉황문 전돌 **경성대학교박물관** | 91쪽 상어 이빨로 만든 화살촉 130쪽 대성동 고분 **국립 부여 문화재 연구소** | 74쪽 왕흥사 금속 공예품 **강릉대학교박물관** | 29쪽 부채꼴 청동 도끼 **국립대구박물관** | 83쪽 법천리의 양 모양 청자 **계명대학교박물관** | 99쪽 고령 지산동 32호분 금동 관 **경상대학교박물관** | 99쪽 합천 옥전 M4호분 금 귀걸이 **영남대학교박물관** | 134쪽 추사체 **한신대학교박물관** | 118쪽 유리구슬 거푸집

이 책의 사진은 해당 사진을 소장하고 있는 곳과 저작권자의 허락을 받아 게재했습니다. 누락되거나 착오가 있는 부분은 다음 쇄를 찍을 때 수정하겠습니다. 작업에 협조해 주신 모든 분에게 감사 말씀 드립니다.